DK TOP **10**

KRETA

ROBIN GAULDIE

Highlights

Themen

Inhalt

Regionen

Reise-Infos

Die TOP10-Listen in diesem Buch sind nicht nach Rängen oder Qualität geordnet. Alle zehn Einträge sind in den Augen des Herausgebers von gleicher Bedeutung.

Umschlag Vorderseite & Buchrücken Hafen von Balí
Titelseite Das bezaubernde Dorf Agios Nikólaos am Golf von Mirabello
Umschlag Rückseite, im Uhrzeigersinn von links oben Windmühlen in der Lasíthi-Hochebene, Hafen von Chaniá, auf Klippen gelegene Kirche, Gasse in der Altstadt von Réthymno

Die Informationen in diesem TOP10-Reiseführer werden regelmäßig aktualisiert.

Angaben wie Telefonnummern, Öffnungszeiten, Adressen, Preise und Fahrpläne können sich jedoch ändern. Der Verlag kann für fehlerhafte oder veraltete Angaben nicht haftbar gemacht werden. Für Hinweise, Verbesserungsvorschläge und Korrekturen ist der Verlag dankbar. Bitte richten Sie Ihr Schreiben an:
Dorling Kindersley Verlag GmbH
Redaktion Reiseführer
Arnulfstraße 124 • 80636 München
reise@dk.com

Willkommen auf
Kreta

Schneebedeckte Berge, von Palmen gesäumte Sandstrände, türkisfarbene Lagunen und Relikte von 4000 Jahre alten Paläste, die die Kreativität der minoischen Kultur bezeugen – all das ist Kreta. Mit diesem Reiseführer können Sie die außergewöhnliche Mittelmeerinsel südlich des griechischen Festlands auf eigene Faust entdecken.

Jeden Sommer besuchen Zehntausende Urlauber die Insel. Sie genießen es, in der Sonne zu liegen und ihren Alltagssorgen zu entfliehen. Allerdings machen nicht nur die Sandstrände und das in der Sonne glitzernde Meer die Faszination Kretas aus. Besucher werden auch von der Gastfreundlichkeit der Einwohner und der zwanglosen Atmosphäre in den Seafood-Tavernen angelockt – und natürlich von Iráklio, Chaniá und Réthymno, den prächtigen Hafenstädten aus venezianischer Zeit.

Wer sich für Geschichte und Kultur interessiert, wird auf Kreta reich belohnt – die Sehenswürdigkeiten reichen vom **Palast von Knosós** und den antiken Stätten **Górtys, Phaestos** und **Gourniá** über das **Archäologische Museum in Iráklio** bis zum **Moní Arkadíou**. Abenteuerlustige zieht es in die wilde unberührte Natur abseits der Küsten, etwa um die **Samariá-Schlucht** zu durchwandern oder um das **Amári-Tal am Fuß des Idi-Gebirges** mit dem Fahrrad zu erkunden. Für Gaumenfreuden sorgen Hofläden, Weingüter und traditionelle Tavernen.

Ob für den Kurztrip oder einen längeren Urlaub – TOP**10** *Kreta* zeigt Ihnen die schönsten Sehenswürdigkeiten, vom eindrucksvollen Palast von Knosós bis zur romantischen Hafenstadt Chaniá. Dieser Reiseführer bietet stimmungsvolle Fotos und detaillierte Karten und gibt Ihnen unentbehrliche Tipps an die Hand. Fünf Tourenvorschläge helfen Ihnen, viele Attraktionen in kurzer Zeit zu sehen. **Viel Spaß mit diesem Reiseführer und viel Spaß auf Kreta!**

Im Uhrzeigersinn von oben: **Hafen von Loutró, Windmühlen auf der Lasíthi-Hochebene, Moní Arkadíou, Frangokástello, Fresko im Palast von Knosós, Hafen von Chaniá, Lagune an der Bucht von Bálos**

Kreta entdecken

Um Kreta zu erkunden, sollten Sie mindestens eine, besser zwei Wochen einplanen, schließlich misst die Insel von Osten nach Westen 260 Kilometer. Die folgenden Autotouren ermöglichen es, viele antike und modernen Stätten zu besichtigen. Sie beinhalten Aktivitäten drinnen und im Freien.

Fragment eines Freskos, Palast von Knosós

Die venezianische Festung von Réthymno steht auf einem Felsvorsprung am Meer.

Legende
- Zwei-Tages-Tour
- Sieben-Tages-Tour

Zwei Tage auf Kreta

Tag ❶
Vormittags
Besichtigen Sie die Ruinen des minoischen **Palasts von Knosós** *(siehe S. 12–15)*. Fahren Sie nach **Iráklio** *(siehe S. 16f)* und besuchen Sie in der Hauptstadt von Kreta das **Archäologische Museum** *(siehe S. 18f & S. 48)*.
Nachmittags
Spazieren Sie durch Iráklios Altstadt mit den Bauten aus venezianischer Zeit. Fahren Sie dann nach **Chaniá** *(siehe S. 20f)*, um zu Abend zu essen und ein Hotel aufzusuchen.

Tag ❷
Vormittags
Sehen Sie sich Chaniás schönen Fischerhafen und den Markt an. Danach geht es zum Mittagessen nach **Réthymno** *(siehe S. 26f)*.
Nachmittags
Erkunden Sie die venezianische Festung von Réthymno. Baden können

Sie am Palmenstrand östlich des Hafens. Zum Abendessen fahren Sie zurück nach Iráklio.

Sieben Tage auf Kreta

Tag ❶
Verbringen Sie den Tag in **Chaniá** *(siehe S. 20f)* mit der hübschen Altstadt und dem **Archäologischen Museum** *(siehe S. 49)*. Entspannen Sie am »**Oasis Beach**« *(siehe S. 21)*, ehe Sie ein Abendessen im **Portes** *(siehe S. 109)* und einen Drink in der **Synagogi Bar** *(siehe S. 108)* genießen.

Tag ❷
Für den Weg durch die **Samariá-Schlucht** *(siehe S. 30f)* benötigen Sie gute Wanderschuhe, Verpflegung und reichlich Trinkwasser. Die Wanderung endet an der Südküste am Sandstrand von **Agía Rouméli** *(siehe S. 65)*. Nach dem Baden geht es mit der Fähre nach Chóra Sfakíon und mit dem Bus zurück nach Chaniá.

Der Strand von Mátala an der Südküste von Kreta wird von roten Klippen umringt.

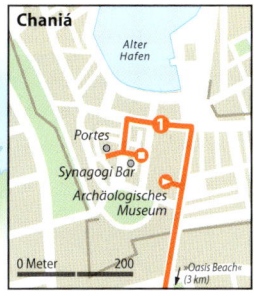

Tag ❸
Fahren Sie die Küste entlang nach **Réthymno** *(siehe S. 26f)* und sehen Sie sich die venezianischen Bauten in der Altstadt an. Essen Sie zu Mittag und entspannen Sie am Strand. Dem Essen im **Avli** *(siehe S. 109)* können Sie Cocktails im **Garden of Ali Vafi** *(siehe S. 108)* folgen lassen.

Tag ❹
Die Fahrt ins Inland Westkretas führt erst zum **Moní Arkadíou** *(siehe S. 36f)* mit der Kirche (16. Jh.) und dem Museum, dann in das **Amári-Tal** *(siehe S. 32f)*, in dem sich kleine Dörfer und byzantinische Kirchen befinden. Kehren Sie zum Abendessen nach Réthymno zurück.

Tag ❺
Fahren Sie nach Westen, um den berühmten **Palast von Knosós** *(siehe S. 12–15)* zu besichtigen. Sehen Sie sich anschließend in **Iráklio** *(siehe S. 16f)* die venezianische Altstadt und die Exponate im **Archäologischen Museum** *(siehe S. 18f)* an.

Tag ❻
Besichtigen Sie südlich von Iráklio zwei weitere antike Stätten: das römische **Górtys** *(siehe S. 28f)* und das minoische **Phaestos** *(siehe S. 24f)*. In **Mátala** *(siehe S. 93)* können Sie die Höhlen erforschen und am Strand entspannen, bevor Sie nach Iráklio zurückkehren.

Tag ❼
Entlang der Küste geht es in östlicher Richtung nach **Gourniá** *(siehe S. 34f)*, einer eindrucksvollen Stadt aus minoischer Zeit. Fahren Sie zum Mittagessen nach **Eloúnta** *(siehe S. 110)* und danach mit dem Boot zur Festungsinsel **Spinalónga** *(siehe S. 111)* im blauen Kólpos Mirampélou (Golf von Mirabello). Gegen Abend kehren Sie nach Iráklio zurück.

Highlights

Moschee innerhalb der Ruinen der
venezianischen Festung von Réthymno

Sightseeing

Auskunft	o EOT
Touristenpolizei	i touristikí astynomía
archäologisch	archaiologikós
Kunstgalerie	i gkalerí
Strand	i paralía
byzantinisch	vyzantinós
Burg	to kástro
Kathedrale	i mitrópoli
Höhle	to spílaio
Kirche	i ekklisía
Volkskunst	laïkí téchni
Brunnen	to syntriváni
Hügel	o lófos
historisch	istorikós
Insel	to nisí
See	i límni
Bibliothek	i vivliothíki
Kloster	moní
Berg	to vounó
Museum	to mouseío
national	ethnikós
Park	to párko
Garten	o kípos
Schlucht	to farángi
Grab von …	o táfos tou …
Fluss	to potámi
Straße	o drómos
heilige (-r, -s)	ágios/ágioi/ agía/agíes
Platz	i plateía
Stadion	to stádio
Statue	to ágalma
Theater	to théatro
Rathaus	to dimarcheío
an Feiertagen geschlossen	kleistó tis argíes

Unterwegs

Wann fährt … ab?	Póte févgei to …?
Wo ist die nächste Bushaltestelle?	Poú eínai i stási tou leoforeíou?
Fährt ein Bus nach …?	Ypárchei leoforeío gia …?
Fahrkartenschalter	ekdotíria eisitirion
Rückfahrkarte	eisitírio me epistrofí
einfache Fahrt	apló eisitírio
Bushaltestelle	o stathmós leoforeíon
Busfahrkarte	eisitírio leoforeíou
Oberleitungsbus	to trólley
Fahrplan	to tromolóion
Hafen	to limán
Zug/Bahn	to tréno
Bahnhof	sidirodromikós stathmós
Motorrad	to motopodílato/ to michanáki

Fahrrad	to podílato
Taxi	to taxí
Flughafen	to aerodrómio
Flugzeug	to aeropláno
Abflug	to apoíossis
Ankunft	to archomos
Fähre	to »ferry-boat«
Luftkissenboot	to delfíni/ to ydroptérygo
Katamaran	to katamarán

Im Hotel

Haben Sie ein freies Zimmer?	Echete domátia?
Ich habe reserviert.	Echo kánei krátisi.
Doppelzimmer mit Doppelbett	díklino me moná krevátia
Doppelzimmer mit zwei Betten	díklino me dipló kreváti
Einzelzimmer	monóklino
Zimmer mit Bad	domátio me mpánio
Dusche	to douz
Schlüssel	to kleidí
Zimmer mit Meerblick/ Balkon	domátio me théa sti thálassa/mpalkóni
Ist im Preis ein Frühstück inbegriffen?	To proïnó symperi-lamvánetai stin timí?

Im Restaurant

Haben Sie einen Tisch frei?	Echete trapézi?
Ich möchte einen Tisch reservieren.	Thélo na kratíso éna trapézi.
Die Rechnung, bitte.	Ton logariazmó parakaló.
Ich bin Vegetarier.	Eímai chortofágos.
Kellner/Kellnerin	kyrie/kyría
Speisekarte	o katálogos
Gedeck	to »couvert«
Weinkarte	o katálogos me ta oinopne-vmatódi
Glas	to potíri
Flasche	to mpoukáli
Messer	to machaíri
Gabel	to pirouni
Löffel	to koutáli
Frühstück	to proïnó
Mittagessen	to mesimerianó
Abendessen	to deípno
Hauptgericht	to kyríos gévma
Vorspeise	ta orektiká
Nachtisch	to glykó
Bar	to »bar«
Taverne	i tavérna
Café	to kafeneío
Fischrestaurant	i psarotavérna
Grillrestaurant	i psistariá
Weinhändler	to oinopoleío

Restaurant	to estiatório		30	triánta
Kneipe	to ouzerí		40	saránta
Imbisslokal	to mezedopoleío		50	penínta
blutig	eláchista psiméno		60	exínta
halb durch	métria psiméno		70	evdomínta
durchgebraten	kalopsiméno		80	ogdónta
			90	ennenínta

Speisen & Getränke

			100	ekató
Kaffee	o kafés		200	diakóssia
mit Milch	me gála		300	triakóssia
schwarz	skétos		400	tetrakóssia
ohne Zucker	chorís záchari		500	pentakóssia
etwas süß	métrios		600	exakóssia
sehr süß	glykýs		700	eptakóssia
Tee	tsái		800	ochtakóssia
Kakao	zestí sokoláta		900	enniakóssia
Wein	krasí		1000	chília
rot	kókkino		2000	dýo chiliádes
weiß	lefkó		5000	pénte chiliádes
rosé	rozé		1 000 000	éna ekatommýrio
Wasser	to neró			

Zeitangaben

Limonade	i lemonáda		eine Minute	éna leptó
Tintenfisch	to ochtapódi		eine Stunde	mía óra
Fisch	to psári		eine halbe Stunde	misí óra
Käse	to tyrí		eine Viertelstunde	éna tétarto
Feta	i féta		halb eins	dodeka kai misí
Brot	to psomí		Viertel nach eins	mía kai tétarto
Bohnensuppe	i fasoláda		zehn nach eins	mía kai déka
Gyros	o gýros		Viertel vor zwei	dyo pará tétarto
Türkischer Honig	to loukoúmi		zehn vor zwei	dyo pará déka
Baklawa (Blätterteig mit Nüssen)	o mpaklavás		ein Tag	mía méra
			eine Woche	mía evdomáda
Kleftiko (spezielles Lammgericht)	to kléftiko		ein Monat	énas mínas
			ein Jahr	énas chrónos

Zahlen

Wochentage & Monate

0	mitén		Woche	evdomáda
1	éna		Montag	deftéra
2	dýo		Dienstag	tríti
3	tría		Mittwoch	tetárti
4	téssera		Donnerstag	pémpti
5	pénte		Freitag	paraskeví
6	éxi		Samstag	sávvato
7	eptá		Sonntag	kyriakí
8	ochtó		Monat	mína
9	ennéa		Januar	ianouários
10	déka		Februar	fevrouários
11	énteka		März	mártios
12	dódeka		April	aprílios
13	dekatría		Mai	máios
14	dekatéssera		Juni	ioúnios
15	dekapénte		Juli	ioúlios
16	dekaéxi		August	avgoustos
17	dekaeptá		September	septémvrios
18	dekaochtó		Oktober	októvrios
19	dekaennéa		November	noémvrios
20	eikosi		Dezember	dekémvrios
21	eikosiéna			

TOP 10 Highlights

Kreta (Kríti) ist griechisch, aber mit eigener Geschichte und Folklore. Vor über 4000 Jahren entstand die Hochkultur der Minoer. Auf der Insel mit eindrucksvollen Bergen und Stränden am blauen Mittelmeer hinterließen auch Römer, Byzantiner, Sarazenen, Venezianer und Osmanen ihre Spuren.

Palast von Knosós ①
Der beeindruckende minoische Palast wurde Anfang des 20. Jahrhunderts entdeckt und rekonstruiert (siehe S. 12–15).

② Iráklio
Kretas Hauptstadt ist eine faszinierende Mischung aus mittelalterlichen venezianischen Befestigungsanlagen, geschäftigen Märkten und modernen Straßen (siehe S. 16–19).

③ Chaniá
Die ehemalige Inselhauptstadt, ein hübscher Hafenort mit traditionellen Restaurants und Läden, ist eine gute Basis, um Kretas Westen zu erkunden (siehe S. 20f).

Phaestos ④
Die bedeutende minoische Stätte ist ein Gewirr aus Innenhöfen und Treppen an einem Hang oberhalb der Messará-Ebene und des Libyschen Meers (siehe S. 24f).

Réthymno ⑤

Kretas drittgrößte Stadt hat lebhafte Märkte, eine schöne Promenade sowie eine große Burg, osmanische Moscheen und venezianische Villen als Zeichen einer wendungsreichen Geschichte *(siehe S. 26f)*.

⑥ Górtys

Postminoische Befestigungsanlagen, römische Säulen sowie Ruinen von Tempeln und einer byzantinischen Basilika zeugen von der Vergangenheit *(siehe S. 28f)*.

Samariá-Schlucht ⑦

Die »Weißen Berge« der Sfakiá-Region bestimmen das Bild von Südwestkreta. Das zerklüftete Gebirge, das von der Schlucht durchzogen wird, erkundet man am besten zu Fuß *(siehe S. 30f)*.

⑧ Amári-Tal & Idi-Gebirge

Die traditionellen Dörfer und sagenumwobenen Höhlen erreicht man mit dem Auto oder einer Bustour *(siehe S. 32f)*.

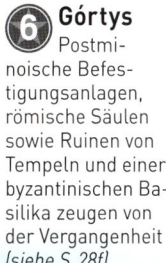

⑨ Gourniá

Am Golf von Mirabello, in Kretas besterhaltener minoischer Stadt, steht ein kleiner Palast in einem Labyrinth aus Häusern und Gassen *(siehe S. 34f)*.

Moní Arkadíou ⑩

Das bedeutende griechisch-orthodoxe Kloster aus dem 16. Jahrhundert ist ein Ort der Stille mit tragischer Vergangenheit *(siehe S. 36f)*.

TOP10 ⭐ Palast von Knosós

In der griechischen Mythologie war Knosós Herrschaftsgebiet von König Minos, der nahe seinem Palast den stierköpfigen Minotaurus im Labyrinth des Daidalos gefangen hielt. Tatsächlich war Knosós die Hauptstadt eines bronzezeitlichen Reichs, das sich vor über 4000 Jahren über die Ägäis erstreckte. Diese Erkenntnis wurde Anfang des 20. Jahrhunderts durch die von Sir Arthur Evans durchgeführten Ausgrabungen gewonnen.

1 Piano Nobile
Die »Halle der Adeligen«, die eventuell Empfangssaal war, zieren Kopien von Fresken, die den Stiersprung zeigen – ein akrobatische Übung der minoischen Kultur, die auch in Knosós durchgeführt wurde.

2 Lagerhäuser
In den Lagerhäusern wurden Olivenöl, Oliven, Getreide und andere Vorräte in großen Tongefäßen *(oben)* verwahrt. Diese *píthoi* mit einer Kapazität von bis zu 200 Litern werden noch heute hergestellt.

3 Zentralhof
Alle minoischen Paläste wurden um einen zentralen Innenhof gebaut, der vermutlich für Zeremonien und Audienzen des Königs genutzt wurde. Der Zentralhof des Palasts von Knosós bietet eine schöne Aussicht auf das Tal.

4 Thronsaal
In dem Saal steht ein steinerner Thron neben einem Becken, das vermutlich rituellen Waschungen diente, die man vollzog, bevor man den Göttern opferte.

5 Delfinfresken
Die Gemächer der Königin waren mit Fresken springender Delfine *(unten)* ausgeschmückt und mit Bad und Toilette mit Wasserspülung luxuriös ausgestattet.

6 Halle der Doppeläxte
Die zu den Gemächern des Königs führende Halle ist nach dem in die Wände und Säulen geritzten Symbol der Doppelaxt benannt.

7 Nordeingang
Ein Stierfresko schmückt die nördliche Passage (unten). Abbilder von heiligen Stieren waren für die minoische Kultur charakteristisch. Sie trugen dazu bei, den Mythos vom Minotaurus aufrechtzuerhalten.

8 Große Treppe
Drei kleinere Treppen und ein Labyrinth von Gängen führten einst zu den fünf breiten Stufen der »Großen Treppe« (unten). Vier dieser Treppenstufen sind bis zum heutigen Tag erhalten geblieben.

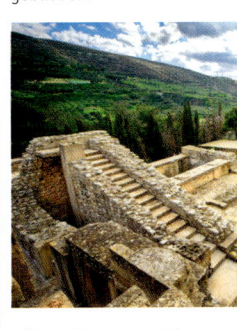

9 Büste von Sir Arthur Evans
Eine Büste am Seiteneingang ehrt den britischen Archäologen, der den auf einem Hügel südlich von Iráklio gelegenen Palast ausgrub und in Teilen rekonstruierte.

10 Südlicher Portikus
Am Südeingang zum Palast (links) sind Kopien des Prozessionsfreskos zu sehen. Das Original befindet sich im Archäologischen Museum Iráklio (siehe S. 18f).

Infobox
Karte L4 ■ Straße 97, 5 km südl. von Iráklio ■ +30 28102 31940 ■ http://odysseus.culture.gr

■ Sommer: tägl. 8 – 20 Uhr (Sep & Okt: bis Sonnenuntergang); Winter: tägl. 8.30 – 17 Uhr; letzter Einlass 15 Min. vor Schließung; an einigen Feiertagen geschl. oder kürzere Öffnungszeiten

■ Eintritt 15 €; ermäßigt 8 €; Kombiticket für Knosós & Archäologisches Museum Iráklio (siehe S. 18f) 20 €

■ Besuchen Sie den Palast möglichst im Frühling oder Herbst, im heißen Sommer ist der Rundgang anstrengend. Wer die Stätte doch im Hochsommer aufsucht, sollte die Besichtigung um 8 Uhr beginnen, bevor die meisten Gruppen mit Bussen eintreffen, oder den Spätnachmittag wählen.

■ Nahe dem Palasteingang, an der Hauptstraße nach Iráklio, gibt es einige gute Tavernen und Snackbars.

Archäologen auf Kreta

Archäologisches Museum Iráklio, gegründet von Iosíf Chatzidákis

(1) Iosíf Chatzidákis

Iosíf Chatzidákis kam in den 1880er Jahren nach Kreta und gründete mit Erlaubnis des Sultans die Kretische Archäologische Gesellschaft. Die Gesellschaft spielte eine wichtige Rolle bei der Erkundung und Ausgrabung der bedeutendsten antiken Stätten Kretas und beim Aufbau des Archäologischen Museums Iráklio (siehe S. 18f & S. 48).

Porträt von Heinrich Schliemann

(2) Heinrich Schliemann

Der von Homer faszinierte deutsche Archäologe entdeckte zunächst Troja (in der Türkei), dann Mykene (auf dem griechischen Festland). 1887 richtete er sein Augenmerk auf Kreta. Er konnte jedoch kein Grabungsareal erwerben und musste das Feld Sir Arthur Evans überlassen.

(3) Sir Arthur Evans

Evans entstammte einer wohlhabenden britischen Familie. Er studierte in Oxford, wo er später Direktor des renommierten Ashmolean Museum wurde. Kretas Befreiung von den Osmanen 1898 ermöglichte ihm die Ausgrabungen in Knosós. Die Arbeiten begannen 1900 und erstreckten sich über drei Jahrzehnte.

(4) Federico Halbherr

Der italienische Archäologe kam im Jahr 1884 nach Kreta. Er freundete sich mit Iosíf Chatzidákis an und entdeckte mit ihm zusammen bronzezeitliche Relikte in der Diktäischen Höhle (siehe S. 112). Später grub er die Palaststätten bei Phaestos (siehe S. 24f) und Agía Triáda (siehe S. 90) aus.

(5) John Pendlebury

Der Brite, eine der schillerndsten Figuren unter den Archäologen auf Kreta, führte Evans' Arbeit in Knosós fort. Er erkundete weite Teile der Insel zu Fuß oder auf einem Esel und stieß dabei auf Dutzende bedeutender Stätten. Pendlebury starb 1941 beim Einmarsch deutscher Truppen auf Kreta.

6 Harriet Boyd-Hawes
Die US-amerikanische Archäologin und Krankenschwester kam 1900 nach Kreta, um nach lohnenden Grabungsplätzen zu suchen. 1901 bis 1904 legte sie mit Gourniá (siehe S. 34f) eine vollständige minoische Stadt frei und überraschte damit die Fachwelt.

7 Richard Seager
Seager war einer der ersten US-amerikanischen Archäologen, die auf Kreta tätig wurden. Er legte Anfang des 20. Jahrhunderts die minoische Stätte Vasilikí frei. Danach arbeitete er in Móchlos (siehe S. 114), wo noch heute amerikanische und griechische Forscher kooperieren.

8 Alan Wace
Der Direktor der British School at Athens widersprach Arthur Evans, indem er das auf dem griechischen Festland entdeckte Mykene (korrekterweise) als unabhängig von der minoischen Kultur bezeichnete und behauptete, Mykene hätte Knosós später unter Kontrolle gebracht.

9 Mínos Kalokairinós
Der kretische Geschäftsmann und Hobbyarchäologe legte 1878 in Knosós Tonscherben aus Mykene und Vorratsgefäße frei, konnte das Areal aber nicht erwerben. Seine Entdeckungen machten Schliemann auf Knosós aufmerksam.

10 Nikólaos Pláton
Der Spürsinn des Griechen führte 1961/62 zur Wiederentdeckung des Palasts von Zákros (siehe S. 42). Wichtigster Hinweis auf dessen Existenz war der Naturhafen – Pláton vermutete, dass die Stätte ein wichtiger Handelsort gewesen war.

Zákros, von Pláton wiederentdeckt

Entdeckung von Knosós

Der berühmte deutsche Archäologe Heinrich Schliemann war fest davon überzeugt, dass es sich bei Knosós um einen wichtigen minoischen Palast handelte. Er konnte ihn jedoch nicht freilegen, da es ihm nicht gelang, das Areal zu erwerben. Arthur Evans wurde durch Schliemanns Berichte zu den Ausgrabungen ermuntert. Sie dauerten von 1900 bis 1931. Seine kühne Rekonstruktionsarbeit am Palast wird von Archäologen heftig kritisiert, insbesondere die des Obergeschosses, das er als »Piano Nobile« bezeichnete. Evans Versuch, eine sagenumwobene Stätte zum Leben zu erwecken, entschuldigt in gewisser Weise seine nicht bewiesenen Folgerungen. Nicht zu tolerieren ist allerdings die willkürliche Platzierung der farbenfrohen »minoischen« Fresken, die in Wirklichkeit im 20. Jahrhundert entstanden. Piet de Jong und Emile Gilliéron hatten für die Nachbildungen nur Fragmente der Originale zur Verfügung.

Buntes Fresko mit Wasserträgern

TOP10 ⭐ Iráklio

Am Hafen, in dem einst venezianische Galeeren lagen, steht eine imposante mittelalterliche Festung. Jahrhundertealte Kirchen und verzierte Brunnen zeugen ebenfalls von der venezianischen Vergangenheit Iráklios. Die Märkte und Museen der 174 000 Einwohner zählenden Stadt sind weitere Attraktionen. In den Cafés an den zentralen Plätzen kann man das geschäftige Alltagsleben beobachten. Auf den Märkten werden kretisches Kunsthandwerk und Spezialitäten feilgeboten.

1 Morosini-Brunnen
Steinerne Löwen, Symbole des heiligen Markus, schmücken den kleinen Brunnen *(unten)* im Zentrum der Altstadt. Der Brunnen wurde nach einem Dogen des 17. Jahrhunderts benannt.

2 Venezianische Festung (Koulés)
Die Mauern der Festung *(unten)* wurden von den Venezianern massiv verstärkt, als die Osmanen im 16. Jahrhundert Kreta angriffen.

3 Archäologisches Museum Iráklio
Das exzellente Museum besitzt eine einzigartige Sammlung von minoischen, griechischen und römischen Fundstücken *(siehe S. 18f & S. 48).*

4 Naturhistorisches Museum
Das Museum vermittelt einen Eindruck von der kretischen Landschaft zur Zeit der minoischen Kultur – bevor Tamarisken, Bougainvilleen und Eukalypten auf die Insel gelangten. Es zeigt auch Kristalle und Fossilien.

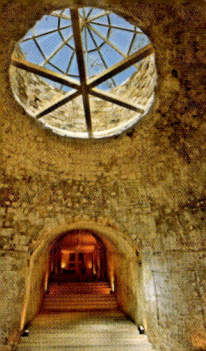

⑦ Venezianische Arsenale

In den Arkaden am Hafen gegenüber der Festung wurden die venezianischen Galeeren, die großen hölzernen Kriegsschiffe, gebaut und repariert. Heute werden in der Anlage die Fischerboote der Einheimischen gewartet.

⑤ Venezianische Mauern

Die sehr gut erhaltenen venezianischen Mauern *(oben)* werden zunehmend von modernen Gebäuden umringt. Guten Blick auf die Befestigungen hat man nahe der Pantokrátoros-Bastion vom Chaniá-Tor aus.

⑧ Agios Títos

An der Stätte wurde im 10. Jahrhundert erstmals eine dem heiligen Titus geweihte Kirche erbaut. Die heutige *(unten)* datiert aus dem 19. Jahrhundert. Titus war der erste Bischof von Kreta und gilt als Schutzpatron der Insel.

Iráklios Geschichte

Araber, die Kreta von 824 bis 961 beherrschten, errichteten ihren Stützpunkt dort, wo einst die nach dem griechischen Helden Herakles benannte römische Siedlung Heracleum war. Der byzantinische Kaiser Nikephoros Phokas nannte den Ort Handax, woraus die Venezianer Candia und die Osmanen Kandiye machten – zeitgleich tauchte der griechische Name Megálo Kástro auf. Iráklio, so seit 1913 genannt, wurde im Zweiten Weltkrieg schwer beschädigt und 1971 Hauptstadt von Kreta.

⑨ Markt

Die Auslagen des Markts bieten eine gewaltige Auswahl – von lebenden Schnecken bis hin zu griechischen Oliven aller Art.

⑩ Historisches Museum von Kreta

Das Museum präsentiert Trachten und steinerne Artefakte, Hauptattraktion sind jedoch zwei Gemälde von El Greco – die einzigen Originale des kretischen Künstlers, die auf der Insel verblieben sind *(siehe S. 90)*.

⑥ Museum für christliche Kunst

Die exquisite Sammlung kretischer Ikonen wird in einer Kirche (15. Jh.) ausgestellt. An den Wänden hängen Darstellungen von Heiligen und Märtyrern, einige in edlen Rahmen. Zum Bestand gehören Werke von Michaíl Damaskinós (16. Jh.), u. a. *Anbetung der Könige* und *Das letzte Abendmahl*.

Infobox

Karte K3 ■ www.heraklion.gr/en

Information: Plateía Nikifórou Foká; +30 28134 09777-80; Mo – Fr 8.30 – 14.30 Uhr

■ Die Märkte sind frühmorgens am interessantesten. Sie sind montags bis samstags jeweils den ganzen Tag lang geöffnet, die meisten Händler machen jedoch bereits gegen Mittag Schluss.

■ Die Plateía Venizélou ist ein guter Platz, um nach dem Besuch der Märkte und der Stadt auszuspannen und etwas zu trinken.

Archäologisches Museum Iráklio

Minoisches Schmuckstück

① Schmuck & Helme der Minoer

Goldene Halsketten, Anhänger, Ringe, Siegel, Schwertgriffe und Helme gehören zu den Schätzen aus Knosós, Phaestos und Górtys. Die Minoer, bekannt für ihren Hang zu schönen, edlen Dingen, fertigten Schmuck mit viel Aufwand. Die Stücke wurden mit Darstellungen von Blumen und Tieren und manchmal mit bunten Halbedelsteinen verziert.

② Freskensaal

Im Obergeschoss sind die bunten, jedoch stark nachbearbeiteten minoischen Fresken aus Knosós, Agía Triáda und anderen Stätten zu sehen. Die Werke sind nur noch theoretisch antik, die meisten wurden Anfang des 20. Jahrhunderts gemalt. Außergewöhnlich sind die Stiersprungfresken. Sie zeigen, wie junge Frauen und Männer einem Stier entgegenrennen, ihn bei den

Hörnern packen und einen Salto über das Tier schlagen. Es ist nicht sicher, ob es sich hierbei um Sport oder ein religiöses Ritual handelte.

③ Figurinen

Die puppengroßen Figurinen von Menschen und Tieren hatten wahrscheinlich eine religiöse Bedeutung als Opfergaben. Die meisten fand man in Bergheiligtümern und Höhlen, u. a. in der Diktäischen Höhle *(siehe S. 112)* bei Psychró. Die Figurinen geben einen Einblick in die Mode jener Zeit und zeigen typische Gesten der Götterverehrung.

Figurinen in einer Vitrine

④ Agía-Triáda-Sarkophag

Der wahrscheinlich für einen minoischen Herrscher aufwendig bemalte Steinsarg zeigt Tieropfer,

Farbenprächtiges Fresko aus dem Palast von Knosós

Agía-Triáda-Sarkophag

8 Diskos von Phaestos

Die rund 4000 Jahre alte, mit gestempelten Symbolen versehene Tonscheibe gilt als das erste Druckerzeugnis der Menschheit. Die Hieroglyphen auf dem Diskos, der 1903 in Phaestos entdeckt wurde, stellen das bislang älteste minoische Dokument dar. Der Text konnte allerdings bis heute nicht entschlüsselt werden. Manche Archäologen wollen die Wörter »Göttin« und »Mutter« entziffert haben.

einen Trauerzug, Frauen und Priesterinnen auf von Sklaven gezogenen Streitwagen sowie einige mythische Kreaturen.

9 Stadtmosaik

Die glasierten Fliesen mit Darstellungen mehrstöckiger Gebäude aus minoischer Zeit waren ursprünglich Teil eines Wandschmucks, eventuell einer Palastmauer.

5 Stierkopf-Rhyton

Das vermutlich kultische Weingefäß aus dem 16. Jahrhundert v. Chr. wurde aus schwarzem Speckstein gefertigt. Es hat vergoldete Hörner, Augen aus Bergkristall und eine Schnauze aus Perlmutt. Der Stierkopf wurde in Knosós gefunden.

Rhyton in Form eines Stierkopfs

10 Spielbrett

Das aufwendig mit Bergkristall, Gold, Silber, Türkis und Elfenbein verzierte Spielbrett lässt den Rückschluss zu, dass es im antiken Kreta eine wohlhabende Klasse gab, die Handel mit anderen Kulturen trieb.

6 Fayence-Figuren der »Schlangengöttin«

Die in Knosós ausgegrabenen verzierten Keramikfiguren mit entblößter Brust, schmaler Taille und langem Rüschenrock tragen eine Schlange in jeder Hand und ähneln somit späteren Darstellungen der Göttin Astarte. Manche halten dies für einen Beweis für den Übergang von der antiken kretischen zur hellenistischen Kultur. Die Figuren wurden von Sir Arthur Evans *(siehe S. 14)* entdeckt, der in ihnen einen Beleg für eine matriarchalische Gesellschaft sah.

7 Schilfkrug

Der Tonkrug mit dunklem Schilfmuster auf hellem Hintergrund ist eines der schönsten Beispiele des Kunsthandwerks aus der Neupalastzeit (1700–1450 v. Chr.).

Antikes verziertes Spielbrett

TOP 10 ⭐ Chaniá

Chaniá ist die zweitgrößte und hübscheste Stadt (109 000 Einwohner) auf Kreta. Alte venezianische Gebäude umgeben den befestigten Hafen. Im Süden ragen die baumlosen, manchmal bis Juni mit Schnee bedeckten Gipfel der Lefká Ori (»Weißen Berge«) empor. Schöne Strände gibt es im Westen und auf der Halbinsel Akrotíri im Osten. Islamische Gebäude erinnern an die Osmanen, die 250 Jahre lang auf Kreta herrschten.

1 Leuchtturm
Vom Leuchtturm (unten) an der venezianischen Hafenmauer hat man schönen Blick auf die Promenade, die Hafeneinfahrt und die Stadt.

3 Byzantinische Sammlung
Die Sammlung in einer venezianischen Kirche aus dem 15. Jahrhundert umfasst Schmuck, Münzen, Statuen, Mosaike und Ikonen aus Kretas byzantinischer Zeit.

4 Schiavo-Bastion & venezianische Mauern
Das nicht öffentlich zugängliche Bollwerk und die daran anschließenden hohen Mauern sind die besterhaltenen Teile der venezianischen Befestigungsanlagen. Sie entstanden Mitte des 15. Jahrhunderts als Schutzwall gegen die osmanische Invasion.

2 Gialí Tzamí
Die Osmanen bauten die Moschee mit mehreren Kuppeln (unten) nach der Eroberung Chaniás im Jahr 1645. Kretas ältester osmanischer Bau, auch »Ufermoschee« genannt, ist heute eine Galerie.

⑤ Kretisches Volkskundemuseum

Die exzellente Sammlung des Museums, die u. a. Webstühle, Spinnräder, bunte Teppiche, Stickereien und Wandbehänge umfasst, dokumentiert und illustriert das traditionelle Dorfleben auf Kreta *(siehe S. 51)*.

⑥ Etz-Hayyim-Synagoge

Chaniás Juden nutzten die Synagoge *(links)* aus dem 15. Jahrhundert bis zum Einmarsch der Deutschen. 1941 bis 1945 wurden die Juden in Konzentrationslager verbracht. Eine Gedenktafel erinnert an 276 deportierte Juden, deren Schiff irrtümlicherweise von einem britischen U-Boot versenkt wurde.

⑦ Archäologisches Museum Chaniá

Das Museum *(unten)* zeigt minoische Töpferwaren, klassische und hellenistische Skulpturen, Glasarbeiten und Mosaike *(siehe S. 49)*.

⑧ Markthalle

Die Markthalle besucht man am besten frühmorgens. Verkauft werden Erzeugnisse aus der Region. Die Vielfalt an Oliven, Kräutern und Gewürzen ist überaus beeindruckend.

⑨ Firkás

In der zum Schutz von Chaniás Hafen erbauten Bastion präsentiert heute ein Schifffahrtsmuseum u. a. eine Ausstellung zur Schlacht um Kreta *(siehe S. 104)*.

Chaniás Geschichte

Die ersten minoischen Siedler gründeten die mächtige Stadt Kydonia. 69 v. Chr. eroberten die Römer die Stadt und herrschten vom Kastélli-Hügel aus. Von 1252 bis 1645 hatten die Venezianer die Macht. 1645 fiel Chaniá an die Osmanen, die bis 1898 regierten. Im Zweiten Weltkrieg kämpften die Bürger der Stadt an der Seite griechischer und britischer Truppen.

⑩ Kalamáki / »Oasis Beach«

Der Strand zwischen Chrissí Akti und Kalamáki, etwa drei Kilometer westlich vom Stadtzentrum, gilt als der beste in der Umgebung. Er bietet Sand und Kies, Cafés und Restaurants sowie viele Wassersportmöglichkeiten.

Infobox

Karte D2 ■ www.chaniatourism.com

Information: im Rathaus, Mylonogiánni 53; +30 28213 41665-6; Mo – Sa 8.30 – 14.30 Uhr

Museen: Di – So

Markthalle: Mo – Sa 8 – 20 Uhr

Firkás: tägl.

■ Chaniá ist ein Shoppingparadies. Schmuck und Strandmode findet man in Läden am Hafen und an der Straße Chálidon, kretische Lederstiefel in Shops an der Skrydlóf.

■ Die Lokale an der Hafenpromenade sind teuer. Günstiger ist es im Stadtteil Splántzia östlich der Chálidon.

TOP10 ★ Phaestos

Während Sir Arthur Evans Knosós rekonstruierte, arbeitete der italienische Archäologe Federico Halbherr an den Stätten zweier minoischer Paläste bei Phaestos, einem Hügel oberhalb der Mesará-Ebene. Ein Großteil der Ruinen stammt vom zweiten Palast, der um 1600 v. Chr. erbaut und etwa 150 Jahre später aus unbekannten Gründen zerstört wurde.

① Königliche Gemächer
Die prächtigsten Räume des Palastes *(unten)* umfassen die königlichen Gemächer, ein Lustralbad, ein Badezimmer und eine Toilette mit Wasserspülung. Der Bereich ist umzäunt.

② Freitreppe
Die breite Treppe, der Haupteingang zum Palast, führt vom Westhof zu den Überresten eines Portikus und von dort zu einem Lichthof mit Säulen.

Ruinen des minoischen Palasts in Phaestos

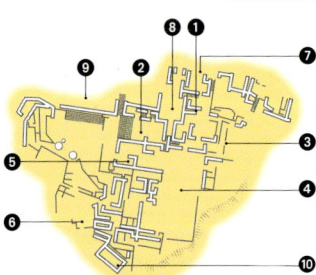

③ Werkstätten
In einem Hof stehen die Reste einer bronzezeitlichen Schmiede. Die kleinen Kammern daneben waren vermutlich die Palastwerkstätten.

④ Zentralhof
Der große Hof, einst von überdachten Gängen flankiert, könnte ein Paradeplatz gewesen sein. Am Haupteingang befinden sich Nischen in der Mauer, vermutlich für Wachposten.

Vorhergehende Doppelseite Blick vom Hafen auf die Moschee Gialí Tzamí in Chaniá

⑧ Peristyl
Säulenstümpfe zeigen an, dass der quadratische Platz ehemals ein Hof mit Kolonnaden war. Auf dem Areal wurden Spuren eines deutlich älteren Gebäudes entdeckt, das Experten in den Zeitraum 3000 bis 1900 v. Chr. datieren konnten.

⑤ Vorratslager & *píthoi*
In den Vorratskammern lagerte man Getreide, Öl, Wein und Oliven in großen, *píthoi* genannten Tonkrügen. Einige Exemplare dieser *píthoi* sind ausgestellt *(oben)*.

⑥ Relikte des ersten Palasts
Im Südosten der archäologischen Stätte stehen die eingezäunten Relikte des ersten Palasts. Dieser Palast wurde um 1900 v. Chr. gebaut und 200 Jahre später wieder zerstört.

⑦ Archiv
Bei diesen akkurat angeordneten Behältern aus Lehmziegeln könnte es sich um ein Archiv gehandelt haben. Der berühmte Diskos von Phaestos *(siehe S. 19)* mit den bislang nicht entschlüsselten Hieroglyphen wurde ebenfalls hier gefunden.

⑨ Westhof & Theaterbezirk
Steinerne Sitzreihen *(unten)* dominieren die Nordseite des Westhofs. Der gepflasterte Platz wurde für Rituale, Zeremonien und öffentliche Darbietungen genutzt, eventuell auch für den auf einigen Fresken dargestellten Stiersprung. Südlich liegen zwei mit Steinen ausgekleidete Gruben, in denen Getreide gelagert wurde. Im Nordosten des Platzes befinden sich die Reste eines Schreins, der zum ersten, älteren Palast gehörte.

Untergang der minoischen Kultur
Die Ursachen für das plötzliche Verschwinden der minoischen Zivilisation liegen auch heute noch völlig im Dunkeln. Die Spekulationen der Experten reichen von einer Flutwelle und einem tödlichen Ascheregen infolge eines Vulkanausbruchs auf der Insel Thíra (Santoríni) bis hin zu einer möglichen Invasion mykenischer Truppen vom Festland.

⑩ Klassischer Tempel
Die Relikte eines kleinen Tempels aus der klassischen Zeit gelten als Beweis dafür, dass Phaestos auch mehr als 1000 Jahre nach dem Untergang der minoischen Kultur besiedelt war. Man glaubt, der Tempel sei zu Ehren von Rhea, der Mutter des Zeus, errichtet worden.

Infobox
Karte H5 ▪ 5 km westl. von Moíres ▪ +30 28920 42315 ▪ http://odysseus. culture.gr

▪ Sommer: tägl. 8 – 20 Uhr (Sep & Okt: bis Sonnenuntergang); Winter: tägl. 8.30–17 Uhr; letzter Einlass 15 Min. vor Schließung; an manchen Feiertagen geschl. oder kürzere Öffnungszeiten

▪ Eintritt 8 €; ermäßigt 4 €

▪ Der Informationspavillon in Phaestos bietet Speisen und kalte Getränke. Besser ist aber die Taverna Alekos im benachbarten Dorf Vóroi an der Kirche Agía Pelagía.

▪ Übernachten kann man im Dorf Mátala *(siehe S. 93)*, das eine 30-minütige Autofahrt entfernt liegt und für den von Bäumen beschatteten Sandstrand bekannt ist.

▪ Phaestos und das 20 Autominuten entfernte Górtys *(siehe S. 28f)* sind leicht an einem Tag zu erkunden.

TOP10 ⭐ Réthymno

Kretas drittgrößte Stadt (56 000 Einwohner) war schon zu minoischer Zeit besiedelt und erlebte unter den Venezianern eine Blütezeit. In der großen, flachen Bucht gibt es einen schönen Strand, die Altstadt zeichnet sich durch venezianische und osmanische Stilelemente wie hohe Fenster und schmiedeeiserne Balkone aus. Die zahlreichen Moscheen und orthodoxen und katholischen Kirchen in Réthymno zeugen von der reichen Kultur- und Religionsgeschichte der Stadt.

Venezianische Festung (Fortétza) ①

Die eindrucksvolle Festung von 1580 *(rechts)* steht oberhalb der Stadt und ist eine der größten venezianischen Anlagen überhaupt. Im Innern befindet sich die Sultan-Ibrahim-Moschee, die ursprünglich eine venezianische Kathedrale war *(siehe S. 47)*.

Infobox

Karte F3 ▪ www.rethymno.guide

Information: Eleftheríou Venizélou 20; +30 28310 29148; Mo – Fr 8 – 15 Uhr

Fortétza: Juni – Sep: tägl. 8 –19.15 Uhr; Okt – Mai: tägl. 10 –17 Uhr; Eintritt 4 €, ermäßigt 3 €, behinderte Reisende frei

Archäologisches Museum: Mi – Mo 10 –18 Uhr; Eintritt 2 €, ermäßigt 1 €

Museum für Geschichte & Volkskunst: Mo – Sa 10 –15 Uhr; Eintritt 4 €, ermäßigt 2 €

▪ Besuchen Sie Réthymno im Juli zum Cretan Diet Festival im Stadtgarten.

▪ Die Hafenpromenade ist eine rein touristische Attraktion. In der Altstadt gibt es günstigere, ruhigere und authentischere kretische Restaurants.

② Strand

Der Stadtstrand von Réthymno erstreckt sich vom Hafenbecken in östlicher Richtung. Er wird von einer Promenade mit Palmen sowie von zahlreichen Cafés und Restaurants gesäumt.

Neratzés-Moschee ③

Die ehemalige venezianische Kirche *(rechts)*, nun ein Konservatorium, wurde von den Osmanen zur Moschee umgebaut. Das Kuppeldach und der Glockenturm wurden durch ein Minarett ersetzt, das heute ein Wahrzeichen von Réthymno ist.

④ Stadtgarten

Im Sommer ist es im Stadtgarten kühler als im Rest der Stadt. Der Garten wurde 1924 auf den Überresten eines alten muslimischen Friedhofs angelegt.

⑤ Rimóndi-Brunnen
Der Brunnen *(oben)* entstand 1626 im Auftrag einer der Patrizier-Familien von Réthymno. Venezianer und Osmanen ließen öffentliche Brunnen bauen.

Muslime & Hadschis

Als Kreta im Jahr 1898 autonom wurde, hatte Réthymno noch viele muslimische Einwohner. Viele zogen jedoch nach Ródos, das zu dieser Zeit noch in osmanischer Hand war. Der häufige kretische Namenszusatz »Hadzi« ist ein Überbleibsel aus dieser Zeit. Er bezeichnete Kreter, die die Pilgerreise nach Mekka (arab./türk. »Haddsch«/ »Hac«) absolviert hatten.

⑧ Archäologisches Museum Réthymno
Vor dem Haupteingang der Fortétza, in einem osmanischen Bau, der bis 1970 das Gefängnis der Stadt beherbergte, zeigt das Museum Fundstücke *(unten)* aus dem Neolithikum sowie von minoischen und römischen Stätten *(siehe S. 49)*.

⑥ Venezianische Loggia
Das architektonische Denkmal der langen venezianischen Herrschaft ist heute ein Laden, in dem Reproduktionen klassischer Kunst verkauft werden.

⑦ Pórta Guora
Das meist Megáli Pórta (»Großes Tor«) genannte Steintor ist das einzige verbliebene Relikt der venezianischen Stadtmauer. Es verbindet die Altstadt mit dem modernen Viertel. Die anderen Stadttore mussten zugunsten des Autoverkehrs weichen.

⑨ Innerer Hafen
Der kleine innere Hafen unterhalb der venezianischen Festung von Réthymno – mit baufälligen alten Häusern, Fischerbooten und einer lebhaften Promenade – zählt zu den malerischsten Häfen in Griechenland *(unten)*.

⑩ Museum für Geschichte & Volkskunst
Gewebte Teppiche und Wandbehänge, feine Spitze, traditionelle Töpferwaren sowie Silber- und Bernsteinschmuck gehören zu den Relikten einer untergegangenen Inselkultur. Es sind auch kostbare Stoffe aus der Franzeskáki-Sammlung zu sehen *(siehe S. 50)*.

TOP 10 ⭐ Górtys

Die Ruinen inmitten der fruchtbaren Mesará-Ebene stammen aus einer viel späteren Epoche als die minoischen Paläste. Górtys blühte zur Zeit der dorischen Wanderung (6. Jh. v. Chr.) auf. Im 2. Jahrhundert v. Chr. besiegte es den Rivalen Phaestos und wurde Kretas führende Stadt. Die imposante Anlage wird seltener besucht als andere archäologische Stätten auf der Insel. Wegen Ausgrabungs- und Forschungsarbeiten sind einige Areale für Besucher gesperrt.

Agios Títos ①
Die imposanten Relikte der dreischiffigen Basilika *(rechts)* zeigen, dass sich das Christentum im 5. Jahrhundert auf Kreta bereits etabliert hatte. Die Kirche wurde nach dem heiligen Titus *(Agios Títos)* benannt, der den Apostel Paulus 59 n. Chr. auf Kreta willkommen hieß, erster Bischof der Insel wurde und heute deren Schutzheiliger ist.

③ **Tempel des Apollon Pythios**
Der wahrscheinlich im 7. Jahrhundert v. Chr. erbaute Tempel erhielt in hellenistischer Zeit einen monumentalen Altar. Im 2. Jahrhundert n. Chr. wurde er in eine christliche Kirche verwandelt.

④ **Römische Agora**
Die Agora (Marktplatz) war das Zentrum griechisch-römischer Städte. Die auf dem Platz gefundene Statue von Asklepios, Gott der Heilkunst, steht nun im Archäologischen Museum Iráklio.

② **Römisches Odeion & Stadtrecht von Górtys**
In die Mauern im Odeion waren Tafeln mit Gesetzestexten *(oben)* eingelassen. Experten zufolge sind die Inschriften die umfassendsten Gesetzestexte der Antike (ca. 500 v. Chr.) und die bedeutendsten Funde in Górtys.

Infobox
Karte J5 ▪ bei Agioi Déka ▪ +30 28920 31144 ▪ http://odysseus.culture.gr ▪ Sommer: tägl. 8–20 Uhr (Sep & Okt: bis Sonnenuntergang); Winter: tägl. 8.30–17 Uhr; letzter Einlass 15 Min. vor Schließung; an einigen Feiertagen geschl. oder kürzere Öffnungszeiten

▪ Eintritt 6 €; ermäßigt 3 €

▪ Nach dem Besuch der Stätte lockt 30 Kilometer südwestlich in Mátala ein Sandstrand *(siehe S. 60)*.

▪ In Górtys selbst gibt es eine sehr spartanisch ausgestattete Cafeteria. Schönere Tavernen sowie eine historische Kirche findet man im Dorf Agioi Déka.

6 Prätorium
Vom Palast des römischen Statthalters von Kreta und Libyen sind nur ein Hof und Reste von Marmorsäulen *(oben)* erhalten.

7 Akropolis
Außerhalb der Ausgrabungsstätte befinden sich römische Wälle und ein kleiner Turm *(kástro)* auf einem niedrigen Hügel. Die Stätte ist eingezäunt, der ausgetretene Weg ist mühsam zu begehen.

8 Museum
In dem kleinen Pavillon sind Marmorstatuen von Göttern, Kaisern und römischen Persönlichkeiten *(rechts)* ausgestellt. Viele Funde von Górtys befinden sich jedoch im Archäologischen Museum Iráklio *(siehe S. 18f & S. 48)*.

10 Römische Bäder
Die Reste der Bäder – sozialer Mittelpunkt der Römerstadt – befinden sich in den Olivenhainen südlich des Prätoriums.

9 Minoische Villa
Östlich vom Fluss Mitropolianós liegen die Reste einer minoischen Villa *(unten)* mit 30 Zimmern aus der Zeit zwischen 1700 und 1450 v. Chr.

5 Tempel von Isis & Serapis
Die Reste dieses ägyptischen Göttern geweihten Tempels beweisen, dass das antike Kreta in Kontakt mit Ägypten stand.

TOP10 ⭐ Samariá-Schlucht

Die Schlucht, eine der eindrucksvollsten Landschaften Griechenlands, durchzieht die Lefká Ori (»Weißen Berge«) von der Omalós-Hochebene bis zum Mittelmeer. Sie wird von Bergen flankiert, am Rand liegen Pinienwälder und Wildblumenwiesen. Der Ausgangspunkt befindet sich auf 1250 Metern Höhe, das Ende an der Küste bei dem Dorf Agía Rouméli. Bei Sideróportes (»Eiserne Pforten«) ist die Schlucht besonders eng.

4 Alt-Agía-Rouméli
Von dem alten Dorf sind nur die Ruinen einer venezianischen Kirche und einige Häuser verblieben. Links vom Schluchtausgang (Osten) liegen die Ruinen des antiken Tárra, rechts auf einem Hügel steht eine verfallene Festung der Osmanen.

1 Xylóskalo
Der Zickzackpfad mit Holzgeländer *(oben)* am Beginn der Schlucht heißt Xylóskalo. Die ersten beiden Kilometer führen an Pinien- und Zypressenwäldern vorbei, dabei fällt der Pfad um 1000 Höhenmeter ab.

2 Agios Nikólaos
Am Fuß der Quellen und des Xylóskalo steht die kleine Kapelle Agios Nikólaos *(unten)* im Schatten von Pinien und Zypressen. In der Nähe befindet sich ein Rastplatz.

3 Gíngilos & Volakiás
Über dem Xylóskalo wird der Horizont im Südwesten von den beiden Gipfeln Gíngilos (2080 m) und Volakiás (2116 m) dominiert. Die Bergspitzen können bis in den Frühsommer hinein von Schnee bedeckt sein, selbst wenn an der Küste bereits sehr hohe Temperaturen herrschen.

Infobox
Karte C4 ▪ Forsthaus Xylóskalo; +30 28237 70046 ▪ Forsthaus Agía Rouméli: +30 28250 91254 ▪ www.samaria.gr

▪ Mai – Okt: tägl. 7–16 Uhr (wetterabhängig, vorher tel. erkundigen)

▪ Eintritt 5 €; am Ausgang der Schlucht in Agía Rouméli muss das Ticket mit Datumsstempel vorgezeigt werden

▪ Erfahrene Wanderer bewältigen die 17 Kilometer in etwa fünf Stunden, man sollte jedoch etwa acht Stunden einplanen, mit einer Pause von mindestens einer Stunde.

▪ Nehmen Sie mindestens einen Liter Trinkwasser pro Person mit. Es gibt Rastplätze im Schatten und bei Agía Rouméli auch mehrere Tavernen, in denen Sie sich erholen können.

Kurzführer

Mehrere Reiseveranstalter bieten täglich geführte Wanderungen inklusive der Fahrt zur Schlucht und zurück an. Es gibt eine Busverbindung von Chaniá nach Omalós, rund einen Kilometer vom Xylóskalo entfernt. Einzelpersonen müssen sich beim Forsthaus am Xylóskalo melden. In Agía Rouméli kann man übernachten.

8 Osía María
Die kleine Kirche, nach der die Schlucht benannt wurde, birgt Fresken aus dem 14. Jahrhundert.

9 Neu-Agía-Rouméli
Die Einwohner von Agía Rouméli verließen ihr Dorf in den 1960er Jahren und zogen an die Küste. Die neue Siedlung (unten) bietet Tavernen und Unterkünfte. Sie erstreckt sich an einer einzigen Straße entlang.

5 Sideróportes
Nahe dem Schrein von Aféntis Christós ist die Samariá-Schlucht nur noch drei Meter breit (oben). Die Wände sind in diesem Abschnitt 700 Meter hoch.

6 Neroútsiko & Ríza Sykiás
Die sprudelnden Quellen Neroútsiko und Ríza Sykiás treffen am Fuß des Xylóskalo aufeinander. Im Winter bilden sie gemeinsam einen reißenden Wildbach, der die Schlucht unpassierbar macht. Im Sommer tröpfeln die Quellen dagegen nur.

7 Samariá
Die letzten Bewohner der Schlucht verließen das Dorf im Jahr 1962, als das Gebiet Nationalpark wurde. Die Häuser bilden nun eine Geisterstadt, die mehr und mehr verfällt.

10 Agios Pávlos
Der Kiesstrand liegt östlich von Agía Rouméli – zu Fuß erreicht man ihn von dem Dorf aus in einer Stunde. Er ist nach einer Kapelle benannt, die dem heiligen Paulus geweiht ist.

TOP 10 ★ Amári-Tal & Idi-Gebirge

Das abgeschiedene Amári-Tal wird vom Idi-Gebirge überragt und zählt zu den schönsten Landschaften Kretas. In dem Tal gibt es alte Dorfkirchen sowie viele Olivenhaine und Weingärten. Die Hochlandregion ist sehr fruchtbar – in byzantinischer Zeit gehörte sie zu den reichsten Gegenden Kretas. Im Zweiten Weltkrieg wurden zahlreiche Dörfer von deutschen Soldaten zerstört – als Vergeltung für die Entführung des Generalmajors Kreipe durch kretische Widerstandskämpfer.

1 Thrónos
Die Kirche Naós Panagías in Thrónos (11. Jh.) birgt Fresken und Mosaikfragmente. Den Schlüssel erhält man im Laden nebenan.

3 Agios Ioánnis Theológos
Die dem Apostel Johannes geweihte Kirche (13. Jh.) steht nördlich des Dorfs Kardáki. Die Fresken entstanden 1347.

4 Idäische Grotte
Die von der Nída-Hochebene zu Fuß in 20 Minuten erreichbare Höhle war einst ein Wallfahrtsort. Nach der griechischen Mythologie wuchs Zeus in der Höhle auf. Opfergaben (8. Jh. v. Chr.) wie Bronzeschilde und Ringe, die man in der Grotte fand, sind im Archäologischen Museum Iráklio zu sehen.

5 Kamáres-Höhle
In der Höhle, zu der man vom Dorf Kamáres aus nach einer vierstündigen Wanderung gelangt, wurden minoische Töpferwaren entdeckt. Die heilige Stätte war der Göttin Eileíthyia geweiht.

2 Moní Asomáton
Das verlassene Kloster Asomáton *(oben)* aus venezianischer Zeit steht in einem Wald aus Platanen, Palmen und Eukalypten.

Panoramablick auf das Amári-Tal

⑧ Amári
Der venezianische Uhrturm *(links)* ist eines der ältesten Gebäude im Tal. In der Kirche Agía Anna außerhalb des Dorfs fand man die ältesten christlichen Fresken Kretas, datiert auf 1225.

⑨ Monument für den Frieden
Die Berliner Künstlerin Karina Raeck schuf die große geflügelte Landschaftsskulptur im Norden der Nída-Hochebene aus Natursteinen.

Anreise ins Tal

Das Amári-Tal ist zwar abgeschieden, kann aber von Réthymno aus relativ problemlos besucht werden. Montags bis freitags fährt täglich einmal ein Bus nach Thrónos und Amári, in die beiden größten Dörfer des Tals. Mit einem Mietwagen sind auch Rundfahrten möglich. Von den beiden Straßen durch das Amári-Tal bietet die östliche Route die beeindruckendsten Ausblicke.

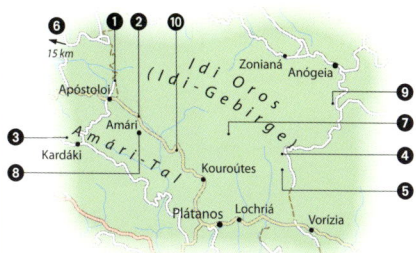

⑥ Chromonastíri
Die Fresken in der Kirche Agios Eftíchios beim Dorf Chromonastíri stammen aus dem 11. Jahrhundert. Sie zählen zu den ältesten ihrer Art auf Kreta.

⑦ Idi (Psiloreítis)
Der 2456 Meter hohe Idi (auch Ida oder Psiloreítis genannt) ist der höchste Berg Kretas *(unten)*. Markierte Wanderwege *(siehe S. 64)* führen von der Nída-Hochebene bis zum Gipfel. Der Ausgangspunkt liegt 23 Kilometer vom Dorf Anógeia entfernt.

⑩ Fourfourás
Das hübsche Bergdorf ist einer der Ausgangspunkte für den Aufstieg auf den Berg Idi, aber auch für einige weniger anspruchsvolle Wanderungen durch das Idi-Gebirge.

Infobox

Karte G–H4

Information: Eleftheríou Venizélou 20, Réthymno; +30 28310 21459; Mo–Fr 8–15 Uhr

■ Amári ist ein guter Ausgangspunkt für Wanderungen im Tal und in den umliegenden Bergen. Das Dorf bietet Tavernen und Unterkünfte, ebenso die 20 Kilometer entfernte Ortschaft Spíli, westlich vom Berg Kédros.

■ Die Taverna Aravanes in Thrónos (Tel. +30 28330 22760, www.aravanes.com) bietet diverse Touren im Amári-Tal an. Die Tour auf den Idi (120 € pro Person) beginnt vor der Morgendämmerung.

TOP10 ★ Gourniá

Gourniá wurde von 1901 bis 1904 von der US-amerikanischen Archäologin Harriet Boyd-Hawes ausgegraben. Es handelt sich um die am besten erhaltene minoische Stadt auf Kreta. Die Anlage mit den engen Treppengassen und kleinen Häusern ist den heutigen kretischen Dörfern sehr ähnlich. Gourniá war ab etwa 3000 v. Chr. bewohnt. Es ist eine der ältesten Siedlungen Kretas. Wie auch andere minoische Städte wurde Gourniá um 1450 v. Chr. durch Erdbeben und Feuer zerstört. Die wabenförmig angeordneten Ruinen sind nur etwa einen Meter hoch.

① Schreinerei
Werkzeuge und andere Materialien, die an dieser Stelle gefunden wurden, zeigen, dass hier ein Schreiner arbeitete, der mit seiner Familie wahrscheinlich in den angrenzenden Räumlichkeiten lebte.

Ruinen der antiken minoischen Siedlung Gourniá

② Treppe
Die L-förmige Treppe *(oben)* führt vom Marktplatz zum Zentralhof. Sie ist charakteristisch für Paläste der minoischen Kultur: Auf Kreta weisen die meisten Palastanlagen aus jener Zeit eine zeremonielle Prunktreppe auf.

③ Zentralhof
Der Zugang zum Zentralhof des Palasts erfolgt über die große zeremonielle Treppe vom Marktplatz her. Die minoischen Herrscher von Gourniá nutzten den Vorraum des Palastgebäudes wahrscheinlich für Audienzen.

④ Schrein
Ein kopfsteingepflasterter, mit Mosaiken verzierter Weg führt zu einem kleinen Schrein, in dem Kultobjekte aufbewahrt wurden. Die Terrakotta-Göttinnen und Schlangenfigurinen sind im Archäologischen Museum Iráklio *(siehe S. 18f & S. 48)* ausgestellt.

Infobox

Karte P5 ▪ südl. der Küstenstraße, 11 km südöstl. von Agios Nikólaos ▪ +30 28420 93028 ▪ http://odysseus.culture.gr

▪ Mi – Mo 8.30 – 15.30 Uhr

▪ Eintritt 3 €; ermäßigt 2 €

▪ Die Strände bei Gourniá sind nur wenig einladend.

▪ An der Stätte selbst gibt es keine Imbissmöglichkeiten. Das Dorf Pacheiá Ammos, drei Kilometer östlich von Gourniá, bietet jedoch Restaurants.

Städtenamen

Obwohl es Archäologen und anderen Wissenschaftlern gelang, einige minoische Schriften zu entziffern, weiß man noch immer nicht, wie die Minoer ihre Städte nannten. Die Namen, unter denen man sie heute kennt, stammen von späteren griechischen Siedlern, die die Insel nach dem Untergang der minoischen Kultur bewohnten.

6 Palast
Der Palast *(oben)* war eventuell Wohnsitz eines Gouverneurs, der Gourniá als Stellvertreter des Königs von Knosós verwaltete. Die Anlage ist nur ein Zehntel so groß wie der Palast von Knosós. Die Relikte im Zentrum des Palasts stammen wohl von einer Opferstätte.

7 Lagerhäuser
An den Palast schließen sich etliche Lagerhäuser an, in denen wahrscheinlich Getreide, Öl und andere notwendige Vorräte in großen Tonkrügen aufbewahrt wurden.

9 Bronzeschmiede
An der Stelle wurden Bronzenägel und ein Steinamboss entdeckt. Die in Gourniá ausgegrabenen Werkzeuge, Waffen, Gerätschaften und Opfergaben sind im Archäologischen Museum Iráklio ausgestellt.

10 Töpferei
Auf die Existenz einer Töpferei *(unten)* weisen freigelegte Tonscherben hin. Die Archäologen schlossen aus dem Zustand dieses und anderer Gebäude, dass die Bewohner die Stadt plötzlich verließen.

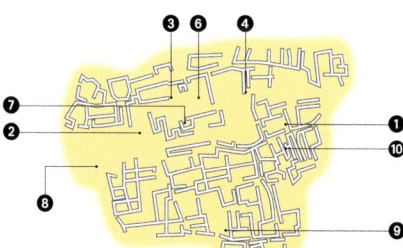

5 Waschbecken
Die steinernen Becken vor fast jedem Haus in Gourniá werden heute neugriechisch als *goúrnes* bezeichnet. Nach ihnen wurde die Stätte benannt.

8 Marktplatz
Der große Platz am Südende von Gourniá war wahrscheinlich der Marktplatz der Siedlung. Möglicherweise wurde er auch für Zeremonien genutzt.

TOP 10 ★ Moní Arkadíou

Das Kloster (16. Jh.) liegt auf einer Hochebene am Rand des Idi-Gebirges an Kretas Nordküste. Nach der osmanischen Eroberung der Insel 1669 wurden Klöster wichtige Zentren des Widerstands. Die Mönche lehrten christliche Werte und hielten die griechische Sprache lebendig. Während der kretischen Aufstände (18./19. Jh.) führten orthodoxe Priester oft Freiheitskämpfer in die Schlachten. Das Kloster wirkt idyllisch, 1866 jedoch wurde das Motto des kretischen Unabhängigkeitskampfes »Freiheit oder Tod« (heute der Wahlspruch der gesamten Nation) im Moní Arkadíou zur grausamen Realität.

Klosterkirche ①
In der innen weiß getünchten venezianischen Barockkirche (rechts) von 1587 sind zwei Altäre, goldene Kronleuchter, mit Silber verkleidete Ikonen (nur die Gesichter der Heiligen sind erkennbar) und flackernde Opferkerzen zu sehen.

② Hofgarten
Der Hof (unten) ist mit duftenden Rosen bepflanzt. Wein rankt sich um eine von Steinsäulen getragene Pergola, in Terrakottatöpfen wachsen Geranien und Bougainvillen. Im Schatten einer Zypresse dösen Katzen.

③ Museum
Das im Refektorium des Klosters eingerichtete Museum präsentiert in seiner Ausstellung u. a. kirchliche Bücher und Handschriften, heilige Kreuze, silberne, mit Goldfäden bestickte Gewänder sowie Ikonen wie *Johannes der Täufer* und *Christus auf dem Thron*.

④ Café
Das Café neben der Gedenkstätte bietet auf einer Terrasse im Schatten Snacks und Getränke mit Blick auf die Landschaft. Es gibt auch einen Spielplatz mit Schaukeln und einer Rutsche.

⑤ Pulvermagazin
Am 8. November 1866 starben hier 963 Kreter in einer selbst verursachten Explosion als Märtyrer, anstatt sich den Osmanen zu ergeben. Auf einer Gedenktafel steht: »Die Flamme, die die Tiefen dieser Krypta erleuchtet, war eine göttliche Flamme, in der Kreter für die Freiheit umkamen.«

7 Mönchszellen

Im 17. Jahrhundert lebten im Moní Arkadíou rund 100 Mönche, heute sind es noch drei. Hinter der Kirche kann man einige der ehemaligen kleinen, karg eingerichteten Mönchszellen besichtigen *(links)*.

8 Gedenkstätte für die Toten

Vom Kloster führt ein fünfminütiger Spaziergang zu einer erhöhten Steinterrasse mit Schatten spendenden Pinien. In einer alten Windmühle mit sechseckiger Grundfläche befindet sich ein Beinhaus mit Schädeln der Kreter, die 1866 bei der Tragödie von Arkádi starben.

9 Außenmauern

Im 16. Jahrhundert wurde das Kloster befestigt. Es sollte sowohl den Mönchen als auch den Menschen der Umgebung Schutz vor Angriffen bieten. Der Zugang erfolgt durch das Hauptportal in der Westfassade, einen Torbogen von 1870.

Tragödie von Arkádi

Am 8. November 1866 belagerten osmanische Soldaten das Kloster, in dem sich über 200 kretische Freiheitskämpfer verbarrikadiert hatten und rund 700 Frauen und Kinder Schutz suchten. Als die Verteidiger der Übermacht nicht mehr standhalten konnten, sprengten sie das Pulvermagazin in die Luft. Die Explosion tötete Hunderte Verteidiger und Angreifer. Der 1770 begonnene Freiheitskampf der Kreter gipfelte in dieser Tat, doch erst 1913 wurden Kreta und Griechenland vereinigt.

10 Toter Baum

Vor der Kirche stehen eine Zypresse und ein Olivenbaum. Im Stamm des toten Baums dahinter *(unten)* steckt noch immer eine Kugel aus der Belagerung von 1866.

6 Refektorium

Ein Tor gegenüber dem toten Baum führt in einen zweiten kleineren und noch etwas ruhigeren Hof. Dahinter befindet sich das Refektorium. In dem langen, schmalen Raum mit gewölbter Decke nahmen die Mönche an langen Holztischen gemeinsam ihre Speisen ein.

Infobox

Karte G4 ■ 23 km südöstl. von Réthymno ■ +30 28310 83135 ■ www.arkadi monastery.gr

■ März & Okt: tägl. 9–18 Uhr; Apr–Sep: tägl. 9–19 Uhr; Nov: tägl. 9–17 Uhr

■ Eintritt 3 €

■ Von Réthymno aus fahren täglich KTEL-Busse zum Kloster (Abfahrt 10 Uhr & 13 Uhr, Rückfahrt 12.15 Uhr & 15.15 Uhr). Auf derselben Strecke ist alternativ ein Minizug unterwegs.

■ An jedem 8. November werden für die Opfer der Tragödie von Arkádi eine Schweigeminute sowie eine Gedenkfeier in der Klosterkirche abgehalten.

■ Im Beinhaus befinden sich die Schädel der Opfer der Tragödie von Arkádi.

Themen

**Wandverzierungen
im Palast von Knosós**

TOP 10 Historische Ereignisse

Stiersprungfresko aus dem Palast von Knosós

1 1750 v. Chr.: Blüte der minoischen Kultur

Auf Kreta erblüht in der Bronzezeit die minoische Kultur, die in Knosós und anderen Städten prächtige Paläste hervorbringt. Um 1450 v. Chr. wird Knosós von Mykene erobert.

2 Römische Eroberung

Die erste römische Invasion 71 v. Chr. wird abgewehrt, die zweite 69 v. Chr. ist erfolgreich. Einige Städte kollaborieren mit Rom. 67 v. Chr. ist Kreta fest in römischer Hand.

3 Byzantinische Rückeroberung

824 verliert das Byzantinische Reich Kreta an die Araber. Erst im Jahr 961

General Nikephoros Phokas

gelingt es dem General und späteren Kaiser Nikephoros Phokas, die Insel zurückzuerobern.

4 Venezianische Herrschaft

1204 schlägt der vierte Kreuzzug fehl und das Byzantinische Reich wird durch eine fränkisch-venezianische Koalition zerschlagen. Kurz darauf fällt Kreta an Venedig. Die Kreter rebellieren erfolglos.

5 Osmanen

Chaniá und Réthymno werden 1645 von den Osmanen erobert. Dank venezianischer Seestreitkräfte kapituliert die Hauptstadt Candia (heute Iráklio) erst 1669 nach einer 21-jährigen Belagerung.

6 Aufstände

Der 1770 von Daskalogiánnis, dem Sohn eines Schiffsbauers, angeführte erste Aufstand gegen die osmanische Herrschaft und die 1828 von dem Revolutionsführer Chatzimichális Daliánis geleitete Rebellion werden niedergeschlagen. 1841 und 1858 scheitern weitere Aufstände. 1866 ruft eine kretische Versammlung die Union mit Griechenland aus. Auch diese Rebellion wird blutig niedergeschlagen. In Europa wächst die Sympathie mit Kreta.

(7) Intervention der Großmächte

Nach weiteren Revolten 1889 und 1896 sowie dem Einmarsch griechischer Truppen 1897 schalten sich Frankreich, Großbritannien, Russland und Italien ein. Kreta wird quasi autonom, Prinz Georg von Griechenland wird vom Sultan als Generalgouverneur eingesetzt.

(8) Union mit Griechenland

1905 verkündet der kretische Politiker Elefthérios Venizélos den Anschluss Kretas an Griechenland. 1908 wiederholt er die Proklamation. Die Union mit Griechenland (enosis) erfolgt aber erst 1913.

(9) Zweiter Weltkrieg

Deutsche Truppen besetzen Kreta im Mai 1941, doch die Kreter leisten Widerstand. Im Oktober 1944 landen die Alliierten in Griechenland. Viele Deutsche fliehen. Nur die Garnison in Chaniá harrt bis zur deutschen Kapitulation im Mai 1945 aus.

1941 besetzt Deutschland Kreta

(10) Erdbeben

Im September und Oktober 2021 erschüttern zwei Erdbeben der Stärke 6 Kreta. Es sind die stärksten seit 60 Jahren. Die Erdbeben fordern ein Todesopfer. Zahlreiche Menschen werden verletzt, viele historische Gebäude im Südosten der Insel werden beschädigt.

Herrscher & fremde Mächte

Bild einer osmanischen Belagerung

1 Minoisches Reich
Die minoische Zivilisation entwickelte sich zwischen 3000 und 1900 v. Chr. Vermutlich zerstörte ein Vulkanausbruch um 1450 v. Chr. die minoischen Städte.

2 Mykener
Mykener vom griechischen Festland siedelten nach 1450 v. Chr. auf Kreta.

3 Dorer
Dorer aus Nordgriechenland vertrieben zu Beginn des 12. Jahrhunderts v. Chr. die Nachfahren der Minoer.

4 Dorische Stadtstaaten
Górtys und Kydonia (das heutige Chaniá) gewannen auf Kreta an Macht.

5 Römisches Reich
Górtys schlug sich auf die Seite Roms und wurde Hauptstadt der Provinzen Kreta und Kyrenaika (heutiges Libyen).

6 Byzantinisches Reich
Im 4. Jahrhundert kam Kreta unter byzantinische Herrschaft.

7 Arabische Eroberung & Niederlage
Von 824 bis 961 errichteten andalusische Araber das Emirat von Kreta. Dieses wurde von dem byzantinischen General Nikephoros Phokas vernichtet.

8 Venezianisches Reich
1210, im Nachgang des vierten Kreuzzugs, übernahm die Republik Venedig die Kontrolle über Kreta.

9 Osmanisches Reich
Osmanen eroberten die Insel 1645 und hielten sie bis ins späte 19. Jahrhundert.

10 Königreich Griechenland
Kreta wurde 1913 mit Griechenland vereinigt. Zwischen 1898 und 1923 verließen rund 100 000 Muslime – freiwillig oder unfreiwillig – die Insel.

TOP10 Antike Stätten

① Itános
Karte R4 ■ 2 km nördl. von Vái ■ offenes Gelände

Reste einer hellenistischen Mauer, die Fundamente zweier christlicher Basiliken sowie umgestürzte Säulen sind die einzig verbliebenen Hinweise auf eine bedeutende Stadt, die im frühen Mittelalter von den Sarazenen zerstört wurde.

Ruinen einer Basilika, Itános

② Gourniá
Die minoische Stadt Gourniá mit gut erhaltenen Relikten – ein Labyrinth aus dachlosen Gebäuden – kontrastiert stark mit den anderen minoischen Stätten. Es handelte sich um eine Handwerkerstadt, die Archäologen konnten eine Vielzahl von Werkstätten freilegen. Im Zentrum der zahlreichen kleinen Häuser befand sich ein kleiner Palast (siehe S. 34f).

③ Agía Triáda
Die Ruinen der Villa von 1700 v. Chr. bergen minoische Schätze, u. a. Tafeln mit der noch immer nicht entzifferten Linearschrift A. Später erbauten mykenische Siedler hier ein mégaron (Thronsaal) und ein Dorf mit einer einzigartigen Ladenzeile mit Säulengang (siehe S. 90).

④ Mália
Karte M4 ■ 3 km östl. von Mália ■ +30 28970 31597 ■ Apr – Okt: Mi – Mo 8 – 20 Uhr (Sep & Okt: bis Sonnenuntergang); Jan – März: Mi – Mo 8.30 – 16.30 Uhr ■ Eintritt ■ http://odysseus.culture.gr

Zu den Relikten des Palasts aus dem 16. Jahrhundert v. Chr. gehören zwei Säulen, die das minoische Symbol der Doppelaxt (labrys) aufweisen. Die Ausgrabungen dauern noch an.

⑤ Zákros
Karte R5 ■ Káto Zákros ■ +30 28430 26897 ■ Apr – Okt: tägl. 8.30 – 18 Uhr; Nov – März: Di – So 8.30 – 15.30 Uhr ■ Eintritt ■ http://odysseus.culture.gr

Der minoische Palast war der viertgrößte auf Kreta. Er wurde 1961 von dem kretischen Archäologen Nikólaos Pláton entdeckt. Die Stätte war nicht geplündert. Sie beinhaltete die Relikte einer Zisterne. Zu den beeindruckenden Funden gehört ein Krug aus Bergkristall, der im Archäologischen Museum Iráklio (siehe S. 18f & S. 48) ausgestellt ist.

6 Praisós
Karte Q5 ■ Néa Praisós
■ offenes Gelände

Die malerische Stätte mit Ruinen eines Tempels und einer Stadtmauer sowie den Fundamenten von Häusern war die letzte Enklave der »echten Kreter«, der Nachkommen der Minoer. Die Stadt bestand bis zum 2. Jahrhundert v. Chr.

7 Levína
Karte J6 ■ nördl. von Léndas
■ offenes Gelände

Das antike Levin auf einem Hügel bei Léndas ist heute kaum mehr als eine Ansammlung von Mauern und Säulen rund um einen Steinbogen. Die Stätte war einst ein Heiligtum des Asklepios, des Gottes der Heilkunst. Ab dem 3. Jahrhundert v. Chr. war sie ein wichtiger Wallfahrtsort.

8 Phaestos
Die Relikte des minoischen Palasts – nach Knosós der zweitgrößte auf Kreta – liegen auf einem Hügel an der Südküste der Insel. Ein Labyrinth von Mauern und Höfen steht heute an dem Platz des zweiten Palasts von 1600 v. Chr. Die Hieroglyphen auf dem Diskos von Phaestos sind bis heute nicht entziffert worden *(siehe S. 24f)*.

Reste der Basilika von Górtys

9 Górtys
Die Ruinen von Górtys mit der Basilika Agios Títos und den Resten eines römischen Gouverneurspalasts stammen aus der frühen christlichen Epoche. Die Stätte ist ziemlich weitläufig und in der Regel nicht überlaufen *(siehe S. 28f)*.

Diskos von Phaestos mit gestempelten Symbolen

10 Knosós
Der minoische Palast wurde vor über 3500 Jahren errichtet, um 1450 v. Chr. zerstört – vielleicht durch einen Vulkanausbruch und feindliche Angriffe – und Ende des 19. Jahrhunderts wiederentdeckt. Die Ruinen bei Iráklio zählen zu Kretas eindrucksvollsten Stätten *(siehe S. 12–15)*.

Minoischer Palast von Knosós

TOP 10 Kirchen & Klöster

Kirche Panagía Kerá bei Kritsá

(1) Panagía Kerá
Karte N5 ▪ +30 28410 51525
▪ Di – So 8 – 15 Uhr ▪ Eintritt

In der bedeutendsten byzantinischen Kirche (13./14. Jh.) Kretas stellen Fresken Szenen aus den Apokryphen außergewöhnlich anschaulich dar. Außerdem ist eine orthodoxe Darstellung des katholischen Heiligen Franz von Assisi zu sehen.

(2) Moní Préveli
Karte F5 ▪ +30 28320 31246
▪ tägl. 9 – 18.30 Uhr ▪ Eintritt

Die Anlage wurde im 17. Jahrhundert als Ersatz für ein nahe gelegenes Kloster erbaut. Die Zellen im hinteren Komplex, dem Píso Moní Préveli, liegen an einem breiten Hof zum Mittelmeer. Es gibt eine Kirche und ein kleines Museum mit Messgewändern, Kir-

chensilber und Ikonen. Das »untere Kloster« Káto Moní Préveli ist älter und bietet ebenfalls ein Museum.

(3) Agía Pelagía
freier Zugang

Die kleine, im gleichnamigen Dorf gut ausgeschilderte Kirche aus dem 14. Jahrhundert schmücken außergewöhnliche Fresken, die Szenen aus dem Leben Christi, diverse Heilige und sogar Musiker zeigen.

(4) Agios Nikólaos
Karte D2 ▪ tägl. 8 – 19 Uhr

Die Geschichte der Kirche spiegelt die Historie der Stadt Chaniá wider: Sie wurde von den Venezianern erbaut, von den Osmanen in eine Moschee konvertiert und im frühen 20. Jahrhundert in eine griechisch-orthodoxe Kirche zu Ehren des heiligen Nikolaus umgewandelt. Das Minarett der Moschee blieb erhalten.

(5) Moní Arkadíou

Die meisten heutigen Gebäude des Klosters stammen aus dem 16. Jahrhundert. Moní Arkadíou hat eine besondere Bedeutung für die Kreter. Während der Revolte von 1866 wurde das Kloster, in dem sich Flüchtlinge und Rebellen verschanzt hatten, von den Osmanen belagert. Die Rebellen sprengten das Pulvermagazin und töteten damit sich und viele Angreifer (siehe S. 36f).

Klosterkirche, Moní Arkadíou

6 Moní Chrysopigís
Karte D2 ■ +30 28210 91125
■ tägl. 8–12 Uhr & 15.30–18 Uhr
■ Eintritt

Das Kloster aus venezianischer Zeit in Chaniá wurde mehrmals umgebaut, zuletzt 1976. Die Nonnen praktizieren traditionelle Ikonenmalerei.

Byzantinische Ikone, Moní Toploú

7 Moní Toploú
Karte R4 ■ +30 28430 61226
■ tägl. 9–13 Uhr & 14–18 Uhr ■ Eintritt

Das zum Schutz vor räuberischen Überfällen befestigte Kloster (14. Jh.) wirkt abweisend. Im Innern findet man jedoch Höfe mit Blumenschmuck, Kreuzgänge und eine Kirche mit der Ikone *Allmächtig bist Du, Herr* von Ioánnis Kornáros.

8 Agioi Déka
Karte J5 ■ tägl. 8–17 Uhr

Die byzantinische Kirche aus dem 13. Jahrhundert wurde an der Stelle errichtet, an der 250 n.Chr. zehn kretische Christen als Märtyrer beim Einmarsch des römischen Kaisers Decius starben. Eine Ikone im Hauptschiff zeigt die Zehn Heiligen *(Agioi Déka)*.

9 Moní Katholikoú
Karte D2 ■ freier Zugang

Das verlassene Kloster in einem Tal mit Höhlen, in denen einst Eremiten lebten, ist ein gespenstischer Ort. Die verfallenen Gebäude sehen aus, als seien sie aus dem Felsen geschlagen worden.

10 Moní Agías Triádas ton Tzagkarólon
Karte D2 ■ +30 28210 63572 ■ tägl. 9–19 Uhr (Museum: So geschl.) ■ Eintritt

Das Kloster ist von Olivenhainen umgeben. Obwohl die Klostergemeinschaft nur noch wenige Mitglieder hat, werden die alten Gebäude sukzessive restauriert. Besucher sind willkommen. Die Mönche verkaufen Wein und selbst gepresstes hochwertiges Olivenöl.

Ikonostase, Moní Agías Triádas

TOP 10 Venezianische Burgen

1 Frangokástello
Karte E4

Die Festung wurde zum Schutz vor arabischen Piraten erbaut. Im Mai 1828 besetzten griechische Aufständische die Burg – sie wurden von einer osmanischen Übermacht abgeschlachtet. Um den Jahrestag herum, so die Sage, schreiten die Geister der Besiegten aus den nahen Sanddünen. Im Sommer finden Events statt *(siehe S. 55 & S. 102)*.

Frangokástello

2 Venezianischer Turm, Loutró (Foínikas)
Karte D4

Der venezianische Turm steht auf einer Landzunge an der Südküste bei Loutró. In der Nähe befinden sich die Relikte einer byzantinischen Kirche und eines der hellenistischen Stadt Foínikas, die während der römischen Herrschaft über Kreta ein wichtiger Seehafen war.

3 Chaniá
Karte D2

Die Venezianer verloren Chaniá im Jahr 1263 an ihre Erzfeinde aus Genua. Die Rückeroberung gelang 22 Jahre später. Venedig begann in der Folge, die Stadt uneinnehmbar zu machen. Zuerst wurden um den Hügel oberhalb des Hafens Mauern errichtet – das Viertel heißt noch heute Kastéli (Burg). Die Befestigungsanlagen konnten gelegentliche Piratenangriffe abwehren, erwiesen sich jedoch gegen die osmanischen Eroberer, die 1645 die Stadt angriffen, als vollkommen nutzlos.

4 Palaióchora
Karte B4

Die Stadt entstand um die 1279 erbaute Burg Selínou, die den Südwesten vor Piraten schützen sollte. Der osmanische Korsar Barbarossa zerstörte die Burg 1539. Da die Osmanen keine Notwendigkeit für einen Wiederaufbau sahen, steht seitdem eine elegante Ruine an diesem Ort.

5 Ruinen der Burg Da Molini, Alikianós
Karte C2

Die überwucherten Mauern zwischen Zitrusbäumen sind immer noch eindrucksvoll. In der Burg ereignete sich im 16. Jahrhundert ein Massaker, als der kretische Rebellenführer Geórgios Kandanoléon von Francesco Molini während der Hochzeit seines Sohnes mit Molinis Tochter verraten wurde.

Siteías imposante venezianische Burg

6 **Venezianische Burg, Siteía**

Karte Q4

Die restaurierte Burg – Relikt der Stadtbefestigungen, die 1648 bis 1651 den Osmanen widerstanden – ist heute eine Freilichtbühne für Theater und Konzerte im Sommer.

7 **Gramvoúsa**

Karte B1

Um 1220 errichteten die Venezianer auf der kleinen Insel vor der Nordwestküste eine Festung. Sie konnte, wie auch die befestigten Inseln Spinalónga und Soúda, bis 1715, also länger als Kreta selbst, gehalten werden. In Kastélli Kissámou starten Bootstouren.

8 **Venezianische Akropolis & antikes Polyrriniía**

Karte B2

Auf einem Hügel über dem heutigen Dorf Polyrriniía befinden sich ein venezianischer Turm und die Ruinen der hellenistischen Stadt Polyrriniía, die im 9. Jahrhundert von Arabern zerstört wurde. Die Steine der Gebäude wurden von den Venezianern für den Turmbau benutzt.

9 **Fortétza, Réthymno**

Die massive venezianische Befestigungsanlage am Hafen von Réthymno erhielt schräge Mauern, an denen die osmanischen Kanonenkugeln besser abprallen sollten. Allerdings war sie längst nicht so wehrhaft, wie sie heute erscheint: 1646 wurde sie nach kurzer Belagerung von den Osmanen erobert. Die Fortétza hatte nie wieder eine militärische Funktion (siehe S. 26).

Moschee in der Fortétza von Réthymno

10 **Spinalónga**

Die Seefestung wurde 1579 erbaut, um den Eingang zum Golf von Mirabello zu kontrollieren. Venedig hielt die Festung auch nach der Niederlage von Candia (Iráklio) 1669 bis 1715. 1903 bis 1957 diente die Insel als Leprakolonie, wie beschrieben in Victoria Hislops Roman Insel der Vergessenen (siehe S. 111).

Spinalónga, Inselfestung an der Bucht von Eloúnta

TOP 10 Museen für Kunst & Archäologie

① Archäologische Sammlung Archánes

Karte K4 ■ Kalochristianáki, Archánes ■ +30 28107 52712 ■ Mi – Mo 8.30 – 14.30 Uhr ■ www.archanes-asterousia.gr

Das kleine Museum präsentiert Funde vom minoischen Friedhof bei Fourní nördlich des Dorfs Archánes und Artefakte, die an weiteren Ausgrabungsstätten in der Umgebung entdeckt wurden.

② Museum für zeitgenössische Kunst, Réthymno

Karte F3 ■ Mesolongíou 32, Réthymno ■ +30 28310 52530 ■ Mai – Okt: Di – Fr 9 – 14 Uhr & 19 – 21 Uhr, Sa & So 10 – 15 Uhr; Nov – Apr: Di – Fr 9 – 14 Uhr (Mi & Fr auch 18 – 21 Uhr), Sa & So 10 – 15 Uhr ■ Eintritt ■ www.cca.gr

In dem Museum sind etwa 500 Werke von Leftéris Kanakákis, einem Maler aus Réthymno, sowie Arbeiten anderer zeitgenössischer griechischer Künstler ausgestellt. Die Werke reichen von den 1950er Jahren bis heute. Zudem können Wechselausstellungen und Kurse besucht werden.

③ Archäologisches Museum Iráklio

Karte U2 ■ Xanthoudídou & Chatzidáki, Iráklio ■ +30 28102 79000 ■ variierende Öffnungszeiten ■ Eintritt ■ www.heraklionmuseum.gr

Die minoische Sammlung des Museums ist einzigartig (siehe S. 18f).

④ Historisches Museum von Kreta

Die abwechslungsreichen Ausstellungen beinhalten ein interaktives Modell des mittelalterlichen Iráklio, zwei originale Werke des Malers El Greco sowie Ikonen und Fresken. Auch Drucke aus dem Zweiten Weltkrieg sind zu sehen (siehe S. 90).

Statuette, Archäologisches Museum Iráklio

⑤ Archäologisches Museum Kastélli Kissámou

Karte B2 ■ Plateía Tzanakáki, Kastélli Kissámou ■ +30 28220 83308 ■ Di – So 8 – 15 Uhr ■ Eintritt

Das Museum ist in einem beeindruckenden venezianisch-osmanischen Gebäude untergebracht. Es präsentiert Funde aus hellenistischer und römischer Zeit, darunter Schmuck, Statuen und zwei wunderschöne Bodenmosaike.

Bodenmosaik im Archäologischen Museum Kastélli Kissámou

Archäologisches Museum Chaniá

⑧ Archäologische Sammlung von Ierápetra

Karte N6 ▪ Plateía Kanoupáki, Ierápetra ▪ +30 28420 28721 ▪ Di–So 8–15 Uhr ▪ Eintritt

Die Ausstellungen in der ehemaligen muslimischen Akademie zeigen große Tonkrüge *(píthoi)*, minoische Tonsarkophage *(larnakes)*, Statuen, Bronzewaffen und Werkzeuge aus der Zeit, als Ierápetra eine der mächtigsten Städte Ostkretas war.

⑥ Archäologisches Museum Chaniá

Karte B6 ▪ Chálidon 28, Chaniá ▪ +30 28210 90334 ▪ Apr–Okt: Mi–Mo 8–20 Uhr; Nov–März: Mi–Mo 8.30–16 Uhr ▪ Eintritt ▪ http://chania museum.culture.gr

Das Gebäude war erst eine Kirche, dann eine Moschee. Jetzt ist es ein Museum mit minoischen Funden, hellenistischen und römischen Skulpturen sowie Töpferwaren und Schmuck aus Westkreta.

⑦ Byzantinische Sammlung von Chaniá

Karte A5 ▪ Theotokopoúlou 78 ▪ +30 28210 96046 ▪ Di–So 8–15 Uhr ▪ Eintritt ▪ http://odysseus.culture.gr

Das kleine Museum in einer venezianischen Kirche zeigt kretische Ikonen, ein Bodenmosaik, Fragmente von Fresken aus Landkapellen, Töpferwaren, Schmuck und Münzen.

Vase, Archäologisches Museum Siteía

⑨ Archäologisches Museum Siteía

Karte Q4 ▪ Piskokefálou 3, Siteía ▪ +30 28430 23917 ▪ Mi–Mo 8.30–15.30 Uhr ▪ Eintritt ▪ http://odysseus.culture.gr

Die Hauptexponate, u.a. Tontafeln mit der minoischen Linearschrift A und Bronzewerkzeuge, stammen aus dem Palast von Zákros.

⑩ Archäologisches Museum Réthymno

Karte P2 ▪ Agíou Fragískou 4, Réthymno ▪ +30 28310 27506 ▪ Mi–Mo 10–18 Uhr (Nov–März: bis 15 Uhr) ▪ Eintritt ▪ http://odysseus.culture.gr

Die Exponate reichen von der Steinzeit über die minoische bis zur hellenistischen Zeit. Zu sehen sind u.a. Grabbeigaben und minoische Särge *(larnakes)*. Das Museum ist nur vorübergehend in dieser ehemaligen Kirche untergebracht, irgendwann soll es in die Fortétza zurückkehren.

Museen für kretische Kultur

Kretisches Freilichtmuseum Lychnostátis

① ## Kretisches Freilicht-museum Lychnostátis
Karte M4 ▪ Chersónisos ▪ +30 28970 23660 ▪ Apr–Okt: So–Fr 9–14 Uhr; Nov–März: nach Vereinbarung ▪ Eintritt ▪ www.lychnostatis.gr
Das Museum bewahrt traditionelle kretische Alltagsbräuche und zeigt das Inselleben, bevor Tourismus, Fernsehen und Handy Einzug hielten. Zu sehen sind auch eine Windmühle und ein altes Steinhaus.

② ## Museum für Geschichte & Volkskunst, Réthymno
Karte P2 ▪ Vernádou 28 ▪ +30 28310 23398 ▪ März–Sep: Mo–Fr 9.30–15 Uhr; Winter: evtl. geschl. ▪ Eintritt
Die umgebaute venezianische Villa birgt Relikte eines in Vergessenheit geratenen Lebensstils, etwa Keramik, Web- und Stickarbeiten, landwirtschaftliche- und Küchengeräte.

③ ## Olivenbaummuseum, Vouvés
Karte C2 ▪ Ano Vouvés (30 km westl. von Chaniá) ▪ +30 28240 22279 ▪ Apr–Okt: tägl. 10–19 Uhr; Nov–März: nach Vereinbarung
Das Museum zur Geschichte des Olivenöls steht in einem Olivenhain – einer der Bäume soll 3000 Jahre alt sein. Zu sehen gibt es u. a. eine alte Ölpresse und Terrakottatöpfe.

④ ## Folkloremuseum, Agios Nikólaos
Karte N4 ▪ Konstantínou Palaiológou 1 ▪ +30 28410 25093 ▪ tägl. 14–18.30 Uhr ▪ Eintritt
Das Museum oberhalb des Hafens beherbergt farbenfrohe Textilien und Trachten sowie Gerätschaften von Bauern und Fischern.

⑤ ## Museum für Agrargeschichte & Volkskunst, Arólithos
Karte K4 ▪ Arólithos (8 km westl. von Iráklio an der alten Landstraße) ▪ +30 28108 21050 ▪ Apr–Okt: tägl. 9–15 Uhr; Nov–März: nach Vereinbarung ▪ Eintritt ▪ www.arolithos.com
Das Museum mit Ferienanlage möchte einen Eindruck vom traditionellen Kreta vermitteln, u. a. mit Handwerkern, einem Restaurant und einer Bäckerei mit Holzöfen.

⑥ ## Kriegsmuseum Askífou
Karte E4 ▪ Askífou ▪ +30 69778 27138 ▪ tägl. 9–21 Uhr ▪ Spende ▪ www.warmuseumaskifou.com
Das Museum liegt in einem winzigen Bergdorf. Der Gründer Geórgios Chatzidákis sammelte Memorabilien zum Widerstandskampf von 1941 bis 1944 auf Kreta. Heute umfasst die Sammlung rund 2000 Exponate.

Exponate im Kriegsmuseum Askífou

Kretisches Volkskunde-museum, Chaniá

Karte B6 ▪ Chálidon 46b ▪ +30 28210 90816 ▪ Mo – Sa 8 – 15 Uhr & 18 – 21 Uhr ▪ Eintritt

Das Museum stellt traditionelle Webstühle und Spinnräder, Decken, Wandteppiche und Stickereien aus.

Museum für kretische Volkskunde, Vóroi

Karte H5 ▪ Vóroi ▪ +30 28920 91110 ▪ Apr – Okt: tägl. 11 – 17 Uhr; Nov – März: nur Gruppen nach Vereinbarung ▪ Eintritt ▪ www.cretanethnology museum.gr

Zwei Etagen widmen sich dem früheren Alltag auf dem Land, etwa der Schlachtung, der Stiefelherstellung und dem Aalfang.

Museum für kretische Volkskunde, Vóroi

 Kunsthandwerksdorf Verékynthos

Karte D2 ▪ Soúda ▪ Mo – Sa 10 – 16 Uhr ▪ www.verekinthos.com

Das ehemals verlassene Dorf nahe dem Hafen von Soúda ist heute ein Zentrum für Kunsthandwerk. In rund 25 Werkstätten bieten u. a. Glasmacher, Silberschmiede, Töpfer und Weber ihre Produkte an.

 Museum für Geschichte & Volkskunde, Gavalochóri

Karte E3 ▪ Gavalochóri ▪ +30 28250 23222 ▪ Apr – Okt: Mo – Sa 10 – 20 Uhr, So 11 – 18 Uhr; Nov – März: tägl. 8.30 – 15 Uhr ▪ Eintritt

Das kleine Museum in einem venezianisch-osmanischen Haus widmet sich der Geschichte und dem Handwerk, etwa der Seidenspinnerei.

Traditionelle Handwerkskunst

Bestickte Tischdecken

1 Sticken
Réthymno war ein Zentrum der Stickkunst, eines Handwerks aus der byzantinischen Zeit.

2 Weben
Auf Kreta sind traditionelle Handwebstühle aus Zypressen-, Walnuss- oder Maulbeerbaumholz noch immer in Gebrauch.

3 Spinnen
Die älteren Dorffrauen spinnen wie eh und je von Hand – eine uralte Technik mit Spindel und Kunkel.

4 Musikinstrumente
Es gibt noch viele Werkstätten, in denen die *lýra*, die kretische Laute, die senkrecht auf dem Knie bzw. Oberschenkel stehend mit dem Bogen gespielt wird, sowie der mandolinenähnliche *laoúto* hergestellt werden *(siehe S. 56f)*.

5 Kirchenstickereien
Die orthodoxen Mönche und Nonnen verschönern Messgewänder mit Gold-, Silber- und Seidenstickereien.

6 Holzschnitzen
Das harte Holz der Zypressen-, Oliven- und Maulbeerbäume ist ideal zum Schnitzen geeignet.

7 Lederarbeiten
Kreta bietet eine große Auswahl an Lederwaren, u. a. Schuhe, Zaumzeug, Handtaschen und Kleidung.

8 Silberschmiede
Die Silberschmiede fertigen u. a. Schmuck, Ikonenrahmen und Kruzifixe.

9 Spitze
Seidene *Kopanéli*-Spitze wird in Gavalochóri mit Spitzenklöppeln hergestellt.

10 Antike Waffen
Die kretischen *palikári* (Kriegshelden) liebten kunstvolle und kostbare Waffen.

🔟 Berühmte Kreter

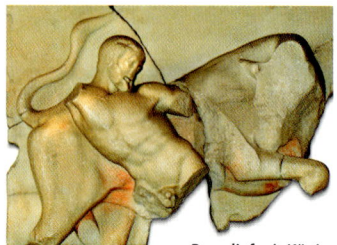

Basrelief mit König Minos und dem Minotaurus

① König Minos
Der König von Kreta, sowohl Schutzherr als auch Peiniger von Daidalos, erscheint in der griechischen Mythologie als Tyrann. Die Sage von Minos ist wahrscheinlich eine Komposition aus den Geschichten mehrerer minoischer Könige.

② Giánna Angelopoúlos-Daskaláki
Die 1945 in Iráklio geborene Unternehmerin und Politikerin brachte 2004 die Olympischen Sommerspiele nach Athen. Sie leitete auch das Komitee, das die Feierlichkeiten im Jahr 2021 zum 200. Jahrestag der Griechischen Revolution organisierte.

③ Geórgios Psychountákis
Psychountákis (1920–2006) stammte aus ärmlichen Verhältnissen. Er schloss sich im Zweiten Weltkrieg dem Widerstand gegen die Deutschen an. Er diente britischen Truppen als Führer und fungierte als Kurier. Seine Erfahrungen beschrieb er in *The Cretan Runner*.

④ Michaíl Damaskinós
Die Werke des berühmtesten kretischen Ikonenmalers (ca. 1530–1593) sind byzantinischen Stils mit venezianischen Einflüssen. Das Museum für christliche Kunst in Iráklio *(siehe S. 17)* besitzt Beispiele.

⑤ El Greco
Domínikos Theotokópoulos (1541–1614) wurde gegen Ende der venezianischen Herrschaft auf Kreta geboren. Er erlernte die Ikonenmalerei, deren Einfluss sich in seiner Darstellung von Figuren und seinem Umgang mit Farbe zeigt. Theotokópoulos ging später zu Tizian nach Italien, dann nach Spanien, wo er den Beinamen »El Greco« (»der Grieche«) erhielt.

⑥ Vitséntzos Kornáros
Der Dichter (1553–1613) war Zeitgenosse von Damaskinós und El Greco und ein führender Vertreter der kretischen Renaissance. Sein Werk *Erotókritos* gilt als das bedeutendste postbyzantinische Epos. Der Flughafen von Siteía wurde nach Kornáros benannt.

Abbild von Vitséntzos Kornáros

⑦ Níkos Kazantzákis
Der Schriftsteller aus Iráklio (1883–1957) schuf den berühmten Roman *Alexis Sorbas*, der 1964 verfilmt wurde. Kazantzákis wurde von der orthodoxen Kirche wegen seiner humanistischen Ideale exkommuniziert. Seine Grabinschrift lautet: »Ich hoffe auf nichts, ich fürchte nichts, ich bin frei.«

Grab von Níkos Kazantzákis

Premierminister Elefthérios Venizélos

8 Elefthérios Venizélos
Der in Mourniés bei Chaniá geborene Politiker (1864–1936) wurde in den kretischen Aufständen von 1889 und 1897 bekannt. Er führte Kreta zur Vereinigung mit Griechenland und wurde später griechischer Premierminister. Aufgrund politischer Misserfolge ging er 1935 ins Exil nach Paris, wo er 1936 starb.

9 Daskalogiánnis
Der reiche Reeder Ioánnis Vláchos (ca. 1725–1771) wurde unter seinem Spitznamen Daskalogiánnis bekannt. Er vereinigte die Familien in der unzugänglichen Bergregion Sfakiá und führte sie 1770 zu einer ersten Rebellion gegen die Osmanen. Der Aufstand misslang, da die erwartete Unterstützung Russlands ausblieb. Daskalogiánnis kapitulierte in Frangokástello. Er wurde nach Iráklio gebracht, dort gefoltert und bei lebendigem Leib gehäutet. Chaniás Flughafen trägt seinen Namen.

10 Chatzimichális Daliánis
Daliánis (1775–1828) wird, obwohl er vom Festland stammte, wegen seiner Rolle im Unabhängigkeitskrieg von den Kretern als einer der ihren verehrt. Im Jahr 1828 besetzte er mit 385 Gefolgsleuten die Festung Frangokástello – was sich als Himmelfahrtskommando herausstellte.

Werke der Kunst & Literatur

1 _Alexis Sorbas_, Níkos Kazantzákis
Die Tragikomödie von 1946 beschreibt die Freiheitsliebe der Griechen.

2 _Erotókritos_, Vitséntzos Kornáros
Das Epos umfasst mehr als 10 000 Verse mit je 15 Silben, die auf Kreta auch als _mantinádes_ gesungen werden.

3 Gemälde, El Greco
Zwei Originalgemälde von El Greco befinden sich noch auf der Insel: im Historischen Museum von Kreta _(siehe S. 17)_.

4 Fresken im Moní Valsamónerou
Die Fresken entstanden zwischen 1360 und 1431, manche werden Konstantínos Ríkos (15. Jh.) zugeschrieben.

5 Gemälde, Leftéris Kanakákis
Werke des kretischen Realisten hängen im Museum für zeitgenössische Kunst in Réthymno _(siehe S. 48)_.

6 _Der Stier aus dem Meer_, Mary Renault
Der Roman erzählt die Sage von Theseus, Minos und dem Minotaurus nach.

7 Kretisches Tagebuch, Edward Lear
Das illustrierte Tagebuch einer Kretareise stammt von 1864.

8 _Insel der Vergessenen_, Victoria Hislop
In dem Roman kommt eine junge Frau auf Spinalónga und in Eloúnta einem Familiengeheimnis auf die Spur.

9 _Die Anbetung der Heiligen Drei Könige_, Michaíl Damaskinós
Das Werk zählt zu den berühmtesten Exponaten im Museum für christliche Kunst in Iráklio _(siehe S. 17)_.

10 _Allmächtig bist Du, Herr_, Ioánnis Kornáros
Eine der prächtigsten und komplexesten Ikonen Kretas kann im Moní Toploú besichtigt werden _(siehe S. 45)_.

Allmächtig bist Du, Herr, Kornáros

🔟 Sagen & Mythen

Mittelalterliches Werk mit einer Episode der Geschichte von Theseus & Ariadne

① Theseus & Ariadne

Nachdem Minos Athen unterworfen hatte, mussten die Athener Jungfrauen und Jünglinge als Menschenopfer für den Minotauros nach Kreta schicken. Theseus, der Prinz von Athen, besiegte den Minotaurus und floh mithilfe von Minos' Tochter Ariadne aus dem Labyrinth.

② Geburt des Zeus

Zeus war das sechste Kind des Titanen Kronos, der seine anderen Kinder verschlungen hatte, aus Furcht, sie könnten ihn entmachten. Nach seiner Geburt in der Diktäischen Höhle wurde Zeus von seiner Mutter Rhea in der Idäischen Grotte am Berg Idi versteckt und aufgezogen. Später vergiftete er Kronos, der daraufhin die Geschwister des Zeus erbrach, die anschließend wiederum die Titanen besiegten und eine neue Götterdynastie bildeten.

Tod des Talos, dargestellt auf einer Vase

③ Zeus & Europa

Zeus war mit der Göttin Hera verheiratet, hatte aber viele sterbliche Geliebte. Eine von ihnen war Europa, Tochter eines phönizischen Königs. Als weißer Stier trug Zeus Europa nach Kreta, wo er sie zur Frau nahm. Der Verbindung entsprangen drei Söhne, u. a. Minos.

④ Immergrüne Platane von Górtys

Zeus entführte Europa nahe der großen Platane bei den römischen Ruinen von Górtys. Seitdem, so sagt man, verliert der Baum nie seine Blätter, auch nicht im Winter.

⑤ Talos

Zeus erschuf den bronzenen Riesen Talos, um Kreta zu verteidigen. Dieser bewachte die Küste und warf Felsbrocken auf Schiffe, die Kreta zu nahe kamen. Talos wurde von Jason mithilfe der zauberkundigen Medea besiegt: Sie zeigte Jason die einzige verwundbare Stelle des Talos – eine Ader am Knöchel.

⑥ Nymphen von Drakoláki

Die Drakoláki (»Drachenhöhle«) liegt in der Nähe des Dorfs Agios Ioánnis in der Bergregion Sfakiá. Sie wird angeblich von den Nereiden bewohnt. Diese Wassernymphen sind Töchter von Nereus, einem griechischen Meeresgott.

Herakles & der kretische Stier

König Eurystheus stellte dem Halb-gott Herakles, dem Sohn von Zeus und Alkmene, zwölf Aufgaben, u. a. ließ er ihn den kretischen Stier ein-fangen und bändigen.

 Labyrinth des Minotaurus

Laut der Mythologie um König Minos gebar dessen Gemahlin Pasiphaë nach einem Liebesakt mit dem kre-tischen Stier den Minotaurus. Minos ließ für das Ungeheuer mit mensch-lichem Körper und Stierkopf ein Labyrinth als Gefängnis bauen.

 Drosoulítes von Frangokástello

Der Sage nach schreiten alljährlich im Mai die Geister von Chatzimichá-lis Daliánis *(siehe S. 53)* und seinen Männern von den Sanddünen zum Frangokástello *(siehe S. 46)* – der Festung, in der sie 1828 von den Osmanen massakriert wurden.

⑩ Daidalos & Ikaros

Daidalos fertigte für sich und seinen Sohn Ikaros Flügel aus Vo-gelfedern und Wachs, um vor König Minos zu fliehen, der sie für ihre Hilfe bei der Tötung des Minotau-rus durch Theseus bestrafte. Ikaros kam der Sonne zu nahe – das Wachs schmolz und er stürzte ins Meer. Daidalos erreich-te Sizilien.

Daidalos & Ikaros als Skulptur, Agía Galíni

Höhlen auf Kreta

In der Diktäischen Höhle

1 Diktäische Höhle (Diktaíon Antron)
In der Höhle (in der Mythologie Geburts-ort des Zeus) oberhalb der Lasíthi-Hoch-ebene gibt es einen künstlichen See.

2 Sfendóni
Die überaus beeindruckende Höhle befindet sich in der Nähe des Bergs Idi.

3 Idäische Grotte (Idaíon Antron)
Die Höhle am Fuß des Bergs Idi diente laut der griechischen Mythologie Zeus während seiner Kindheit als Versteck.

4 Kamáres
Die Höhle an der Südseite des Idi war namensgebend für die minoischen Töpferwaren, die man hier fand.

5 Skotinoú
Die Höhle war ursprünglich der Göttin Britomartis geweiht. Sie wurde später ein Heiligtum der Artemis.

6 Inatos
In dieser oberhalb von Tsoútsouros gele-genen Grotte wurde die Göttin Eileíthyia, Tochter von Zeus und Hera, verehrt.

7 Eileíthyia
In der Höhle nahe der minoischen Stadt Amnissós, laut Mythologie der Geburts-ort der Göttin Eileíthyia, wurden archa-ische Steinfiguren schwangerer Frauen gefunden.

8 Profítis Ilías
Wie die Diktäische Höhle gilt diese Höhle bei Arkalochóri, nach einer anderen Ver-sion des Mythos um Zeus, als Geburtsort des obersten griechischen Gottes.

9 Melidóni
Die Höhle soll das Lager des von Zeus geschaffenen Bronzeriesen Talos gewe-sen sein.

10 Höhle der Heiligen Väter
In der Höhle im Hochland um Palaiócho-ra steht ein griechisch-orthodoxer Altar.

TOP10 Musikinstrumente

Askomantoúra-Spieler

① Askomantoúra
Der kretische Dudelsack *askomantoúra* gehörte einst zu den populären Instrumenten in der südlichen Ägäis. Es kommt heute wieder zu einer Neuentdeckung des Instruments, weil vor allem jüngere Musiker nach ihren Wurzeln suchen.

② Boulgarí
Die *boulgarí*, eine kretische Version der in der Türkei als *saz* bekannten Langhalslaute, war einst ein beliebtes Soloinstrument in der traditionellen Musik der Insel. Heutzutage ist die *boulgarí* seltener zu hören.

③ Santoúri
Das Hackbrett oder *santoúri* ist ein Musikinstrument aus Kleinasien, das in Griechenland bis in die 1920er Jahre weitgehend unbekannt blieb. Es ist vielleicht eine Weiterentwicklung harfenähnlicher Instrumente wie der antiken *lýra*.

④ Gerakoukoúdouna
Die kretischen *Lýra*-Spieler hängen gelegentlich kleine kupferne oder silberne Glöckchen an den Bogen, mit dem sie ihr Instrument spielen. Die Glöckchen sind nicht nur zur Zierde da, sie ergänzen das Spiel auch um eine lebendige, rhythmisch klingelnde Begleitung.

⑤ Kithára
Die Gitarre, ob akustisch oder elektrisch, hat einige der alten Instrumente verdrängt. Sie gehört heute bei Dorffesten, Hochzeiten oder an Feiertagen zu den Standardinstrumenten kretischer Ensembles.

⑥ Lýra
Die dreisaitige *lýra* ist typisch für Kreta und die umliegenden Inseln. Sie ist birnenförmig, hat einen bauchigen Korpus und einen kurzen Hals ohne Bünde. *Lýra*-Spieler stützen das Instrument auf ein Knie und spielen mit einem kleinen Bogen sowohl fröhliche als auch melancholische und kämpferische Melodien.

Musiker, rechts ein *Lýra*-Spieler

7 Daouláki / Toumbí
Beide Namen bezeichnen eine Trommel, die selten, dann aber vor allem in den Dörfern um Siteía zu hören ist. Die Trommel – im Durchmesser 30 bis 120 Zentimeter groß – wird mit zwei Schlägeln gespielt.

8 Laoúto
Die kretische Version der Mandoline heißt *laoúto* und ist eines der wichtigsten Instrumente für kretische Musiker und Komponisten. In kretischen Ensembles gehört die *laoúto* wie die *lýra* zu den Standardinstrumenten. Das klassische Begleitinstrument ist immer häufiger auch als Soloinstrument zu hören.

Bouzoúkia und andere Instrumente

9 Bouzoúki
Die Langhalslaute mit vier Doppelsaiten ist in Griechenland seit dem 19. Jahrhundert bekannt. Sie wurde in den 1920er Jahren nach dem Bevölkerungsaustausch zwischen Griechenland und der Türkei populär. Auf Kreta nahm die Beliebtheit nach dem Zweiten Weltkrieg ab.

10 Baglamás
Häftlinge und Arme bastelten das kleine, ursprünglich nicht auf Kreta heimische Saiteninstrument aus einem getrockneten Kürbis oder einem Schildkrötenpanzer und Draht.

Traditionelle Lieder & Tänze

Griechische Männer tanzen *syrtós*

1 Syrtós
Der *syrtós* wird überall in Griechenland getanzt – er gilt als der griechische Tanz schlechthin.

2 Pidiktós
Der ostkretische Tanz verlangt nach athletischen Sprüngen.

3 Pentozális
Die lebhaften Rhythmen des *pentozális* erinnern an Volksmusik aus Irland und Schottland.

4 Soústa
Der »Tanz der Liebenden« ist bei Hochzeiten und anderen Festen beliebt.

5 Chasápiko
Ein Mix aus *chasápiko* (»Metzgertanz«) und *syrtós* war Vorlage für »Sorbas' Tanz« im Film *Alexis Sorbas*.

6 Siganós
Der *siganós* wird auf Festen von Frauen- und Männergruppen getanzt.

7 Mantinádes
Die traditionellen Reimpaare – häufig improvisierte satirische Lieder, die auf Festen gesungen werden – sind typisch für Kretas mündliche Überlieferungen.

8 Rizítika
Die getragenen Lieder über historische Ereignisse und Persönlichkeiten stammen aus der Gegend um Chaniá und werden a cappella vorgetragen.

9 Chaniótis
Der *chaniótis*, ein gediegener Reihentanz für Frauen und Männer, hat seinen Ursprung in Chaniá.

10 Tabachaniótiko
Die kretische Variante des *rembétiko*, des sogenannten griechischen Blues, wurde bekannt durch Flüchtlinge aus Kleinasien, von denen sich manche auf Kreta niederließen.

TOP10 Dörfer

Läden in den Straßen von Kritsá

1 Kritsá
Karte N5 ▪ Lató: Di–So
8–15 Uhr

Hinreißende Panoramen und der Ruf als eines der besten ostkretischen Handwerkszentren locken viele Besucher nach Kritsá. Zahlreiche Läden an der Hauptstraße verkaufen u. a. Ledersandalen, Stickereien und bunt gemusterte Teppiche. Rund eine Stunde zu Fuß entfernt befindet sich die kleine archäologische Stätte Lató mit Resten einer antiken Stadt.

2 Argyroúpoli
Karte E4

Westkretas hübschestes Bergdorf liegt zu Füßen der Lefká Ori an der Stelle der hellenistischen Stadt Láppa. Die Hänge in diesem Tal sind üppig grün und werden von natürlichen Quellen bewässert. Argyroúpoli ist ein guter Ausgangspunkt für leichte Wanderungen in den umliegenden Bergen.

3 Elos
Karte B3

Elos ist eine von neun Siedlungen in den Kastanienwäldern dieser Region. Die Lage auf 600 Metern Höhe sorgt im Sommer für angenehme Temperaturen. In dem Dorf stehen eine byzantinische Kapelle aus dem 14. Jahrhundert und die Ruinen eines osmanischen Aquädukts.

4 Alikianós
Karte C2

Die Ruine einer venezianischen Burg der aristokratischen Familie Molini (siehe S. 46) und die Kirche Agios Ioánnis aus dem 14. Jahrhundert sind die wichtigsten Sehenswürdigkeiten in Alikianós. Das Dorf liegt malerisch inmitten von Zitrushainen.

5 Kournás
Karte E3

Kournás liegt am Fuß des Bergs Dafnomadára am Rand des einzigen Süßwassersees auf Kreta. Die alten Steinhäuser erstrecken sich entlang der steilen Hauptstraße. Das Dorf besitzt zwei byzantinisch-venezianische Kirchen: Agios Geórgios und Agía Eiríni.

⑥ Chamézi
Karte Q5

Die Gegend oberhalb der Bucht von Siteía ist schon seit den Minoern besiedelt. Auf einem Hügel stehen Ruinen aus jener Epoche. Chamézi ist ein ruhiger beschaulicher Ort. Die weißen Steinhäuser sind mit Blumen geschmückt.

⑦ Ethiá
Karte Q5

Das abgelegene Dorf war während der venezianischen Eroberung Lehngut der Familie De Mezzo. In der restaurierten Familienvilla widmet sich eine Ausstellung dem Leben auf Kreta in venezianischer Zeit.

⑧ Topólia
Karte B3

Das von Ackerland und Olivenhainen umgebene Dorf zwischen Kastélli Kissámou und Palaióchora liegt in einem Tal, das zur Koutsomatádos-Schlucht führt. Die kleine Kirche Agía Paraskeví ist spätbyzantinisch.

Blick auf den Kournás-See

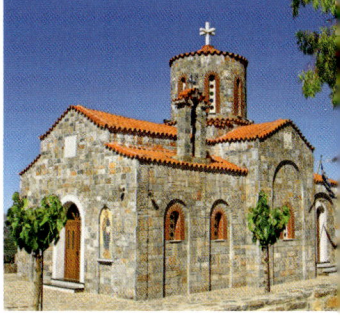

Steinkirche in Axós

⑨ Axós
Karte H4

Wenn man von Pérama den direkten Weg nach Anógeia nimmt, kommt man an Axós vorbei. Das Dorf bietet beeindruckende Ausblicke und die sehenswerte byzantinische Kirche Agía Eiríni. Reisegruppen sorgen dafür, dass die Tavernen und Andenkenläden um die Mittagszeit meist überfüllt sind. In den Hängen oberhalb von Axós befinden sich Reste alter Siedlungen.

⑩ Vóila
Karte Q5

Vóila ist die berühmteste Geisterstadt auf Kreta. Das nur noch von Eidechsen bewohnte Ruinendorf wird von einer zerstörten venezianischen Festung und einem osmanischen Turm überragt. Das einzige noch intakte Bauwerk ist die Kirche Agios Geórgios. Zwei osmanische Trinkwasserbrunnen liefern Besuchern auch heute noch frisches Wasser.

TOP 10 Badeorte

1 Georgioúpoli
Karte E3

Georgioúpoli liegt an einer schönen Flussmündung 20 Kilometer westlich von Réthymno. Ein Platz mit Tavernen und Schatten spendenden Eukalyptusbäumen bildet das Zentrum des ruhigen Orts. Am ausgedehnten Sandstrand befinden sich Hotels und Apartments.

2 Mátala
Karte G6

Den Sandstrand von Mátala säumen hohe Klippen mit römischen Höhlengräbern. Der Ort war in den 1960er Jahren ein bei Hippies beliebtes Ziel, heute sind die Urlauber »bürgerlicher«. Mátala ist eine guter Startpunkt für Touren nach Górtys und Phaestos.

Künstliche Höhlen am Strand von Mátala

Glasklares Wasser bei Eloúnta

3 Eloúnta
Karte N4

Eloúnta liegt in Ostkreta, elf Kilometer nördlich von Agios Nikólaos. Es bietet Blick auf das blaue Wasser des Kólpos Mirampélou (Golf von Mirabello) und die Insel Spinalónga. Das ehemals ruhige Fischerdorf ist heute ein Luxusresort mit der nach Santoríni zweithöchsten Konzentration an Fünf-Sterne-Hotels.

4 Mália
Karte M4

Der großartige Sandstrand und die Nähe zum internationalen Flughafen von Iráklio haben Mália zu einer der größten Ferienanlagen auf Kreta werden lassen. Der bei jungen Leuten wegen der Wassersportmöglichkeiten und des pulsierenden Nachtlebens beliebte Ort ist im Juli und August überfüllt. Es gibt aber auch ruhige Ecken.

⑤ Chersónisos
Karte M4

Chersónisos ist Kretas größter und lebhaftester Badeort. Hier reiht sich Hotel an Hotel und Bars, Restaurants, Clubs und Läden erstrecken sich in Zweierreihen die nördliche Küstenstraße entlang. Chersónisos verschmilzt langsam mit den benachbarten Ferienorten Stalída und Mália.

⑥ Makrigialós
Karte Q5

Makrigialós bietet den besten Strand in Südostkreta mit grauem Sand und Kies an Pinienhängen. Das Dorf und der Nachbarort Análipsi bilden heute eine durchgehende Kette von Tavernen und Pensionen.

⑦ Palaióchora
Karte B4

Der Fischerort liegt auf einer Landzunge, auf der sich auch eine venezianische Burgruine befindet. Baden kann man am Sandstrand westlich und am ruhigen Kiesstrand östlich von Palaióchora.

⑧ Plakiás
Karte F4

Der gepflegte Sandstrand lockt Besucher in den kleinen Ort an der Südküste, obwohl es in der Nachbarschaft bessere Strände gibt, z. B. westlich bei Soúda (mit Palmen im Rücken) sowie östlich bei Damnóni,

Strand von Soúda westlich von Plakiás

wo man aus drei Buchten auswählen kann. Plakiás ist ein ruhiger Badeort mit vielen Ferienwohnungen und Ferienhäusern für Selbstversorger.

⑨ Siteía
Karte Q4

Der mehrere Kilometer lange Strand östlich von Siteía wird von einer Reihe etwas baufälliger Hotels, Pensionen und Cafés gesäumt. Als der örtliche Flughafen für internationale Flüge freigegeben wurde, entwickelte sich Siteía zum lebhaften Ferienort an der Nordküste.

⑩ Balí
Karte H3

Der kleine Ort an der Nordküste von Kreta wird erst in der Hochsaison lebendig, wenn sonnenhungrige Urlauber den auch »Paradise Beach« genannten Strand Livádi bevölkern.

Urlauber am Strand von Balí

🔟 Naturschönheiten

① **Imbros-Schlucht**
Karte D4 ▪ tägl. 7 Uhr bis Sonnenuntergang ▪ Eintritt (Sommer)
Die Schlucht zwischen den Dörfern Imbros und Komitádes ist an der engsten Stelle zwei Meter breit. Die Durchquerung dauert drei Stunden.

Eindrucksvolle Imbros-Schlucht

② **Lefká Ori**
Karte C – D4
Die »Weißen Berge« auf Kreta gehören zu den wenigen echten Wildnissen in Europa. Abfließendes Regenwasser und Quellen haben tiefe Schluchten in die raue, düstere Bergregion geschnitten – die bekannteste ist die Samariá-Schlucht (siehe S. 30f). In den Wintermonaten liegen die Gipfel unter einer Schneedecke, im Sommer können die Temperaturen 35 °C erreichen.

③ **Votómos**
Karte J5
Der See bei Zarós ist kalt und klar. Er wird aus einer unterirdischen Quelle gespeist, aus der das meiste Mineralwasser auf Kreta stammt. Die Hänge um den See sind karg und kiesig. Die Tavernen am Ufer servieren gegrillte Forellen aus dem See. In der Nähe beginnt ein Wanderweg durch eine Schlucht.

④ **Aspros Potamós**
Karte P5
Das Tal des »Weißen Flusses« – er führt wie alle auf Kreta nur im Winter und im Frühling Wasser – trifft am Ostende des Strands von Makrigialós auf die Küste. Im Dorf Péfki beginnen schöne Wanderungen durch das von Pinienwäldern, felsigen Hängen, terrassierten Feldern und Olivenhainen umgebene Tal.

⑤ **Omalós-Hochebene**
Karte C3
Die fruchtbare, 1050 Meter hoch gelegene Ebene im Norden der Lefká Ori ist von felsigen Berghängen umgeben. Winterregen haben im Lauf der Zeit den Boden von den angrenzenden Hängen in die Hochebene gespült und eine wunderbare Landschaft erzeugt. Die meisten Besucher sind nur auf der Durchreise, dabei ist die ruhige Gegend vor allem im Frühling sehr schön.

Ruine auf der Insel Elafonísi

6 Kournás
Karte E3

An Kretas einzigem Süßwassersee kann man nicht nur Sumpfschildkröten und Zugvögel beobachten: Im Frühling und Frühsommer lädt der Kournás zum Schwimmen ein.

Vögel am Ufer des Kournás

7 Vái
Karte R4

Der Sandstrand von Vái ist der größte Palmenstrand auf Kreta. Die dortigen Kretischen Dattelpalmen wachsen auch an den Stränden von Préveli und Soúda (bei Plakiás). Der Palmenwald von Vái steht größtenteils unter Naturschutz.

8 Kourtaliótiko-Schlucht
Karte F4

Frösche, Sumpfschildkröten, Krabben und Wasserschlangen bevölkern die Süßwassertümpel am Grund der Schlucht, die am Strand von Préveli die Südküste erreicht.

9 Elafonísi
Karte A4

Die kleine Insel ist nur einen Steinwurf von Kreta entfernt. Der Name »Hirschinsel« deutet darauf hin, dass sie ein Wildreservat gewesen sein könnte. Zwischen Elafonísi und der Küste liegt eine Lagune mit türkisfarbenem Wasser. Man kann zur Insel hinüberwaten *(siehe S. 84)*.

10 Lasíthi-Hochebene
Karte M4

Von den einst Tausenden Mühlen mit den charakteristischen weißen Segeln existieren in der »Ebene der Windmühlen« nur noch wenige. Die Fahrt zur Hochebene ist ein Erlebnis für sich: Die vielen kleinen fruchtbaren Felder und Gärten stehen in herbem Kontrast zu den baumlosen Hängen ringsum.

Windmühle auf der Lasíthi-Hochebene

TOP10 Bergwanderungen

Wanderer in der Samariá-Schlucht

① Samariá-Schlucht
Der beliebteste Wanderweg auf Kreta führt durch die Schlucht im Samariá-Nationalpark. Die Route beginnt mit einem steilen Abstieg von der Omalós-Hochebene und führt dann durch Pinienwälder und Wildblumenwiesen an verlassenen und zerstörten Siedlungen vorbei zum Dorf Agía Rouméli *(siehe S. 30f)*.

② Lefká Ori
Karte C – D4 ▪ EOS-Berghütte: Kallérgi; +30 28210 44647; Apr – Okt
Die zweitägige Durchquerung der wilden, baumlosen »Weißen Berge« ist spektakulär, kann aber nur erfah-

renen und konditionsstarken Bergwanderern empfohlen werden. In den bis zu 2453 Meter hohen Bergen ist es im Winter eiskalt und im Sommer sengend heiß.

③ Imbros-Schlucht
Karte D4
Die Schlucht in den östlichen Ausläufern der Lefká Ori ist etwas kürzer und weniger überlaufen als die berühmte Samariá-Schlucht, aber ähnlich eindrucksvoll. Im Frühling und im Herbst bieten sich hier gute Möglichkeiten, den Scharen von Tagesausflüglern zu entkommen.

④ Chochlakiés-Schlucht
Karte R4
Gleich hinter Chochlakiés, einem Dorf bei Siteía, beginnt der Weg durch imposante Felsformationen. Nach 45 Minuten erreicht man den Sandstrand Karoúmes in einer malerischen Bucht. Vor dem Rückweg lockt eine Erfrischung im Meer.

⑤ Idi
Karte H4
Die Tour auf den 2456 Meter hohen Idi (Psiloreítis), den höchsten Berg Kretas, beginnt auf der Nída-Hochebene. Mai und Juni sind für den sieben- bis achtstündigen Auf- und Abstieg am besten geeignet. An der Gipfelkapelle ist mit Schneeverwehungen zu rechnen.

Bergwanderung durch die Lefká Ori

Kapetanianá an den Hängen des Kofinás

⑥ Kofinás
Karte K6

Man benötigt rund einen halben Tag, um von dem Dorf Kapetanianá zum Gipfel des 1231 Meter hohen Kofinás und zurück zu wandern. Oben hat man eine gute Aussicht auf den Idi, die Oros Díkti und die Südküste.

⑦ Soúgia – Agía Rouméli
Karte C4

Die Zwei-Tages-Tour beginnt im Badeort Soúgia am Südwestrand der Lefká Ori. Der Weg führt zunächst durch Felder und Weideland, dann folgen Wildblumenwiesen und Pinienwälder und schließlich kahle Berghänge, bevor man nach Agía Rouméli absteigt. Orientierungsfähigkeiten im Gelände und eine gute Karte sind unbedingt erforderlich.

⑧ Europäischer Fernwanderweg E4

Die lange und anstrengende Tour sollten nur konditionsstarke und erfahrene Wanderer in Angriff nehmen. Schwarz-gelbe Metallschilder, Pfosten oder bemalte Felsen weisen den Weg. Für die Route quer über

die Insel – von Kastélli Kissámou im Westen bis Káto Zákros im Osten – benötigt man mindestens 30 Tage.

⑨ Zákros-Schlucht
Karte R5

Der Weg durch die Zákros-Schlucht, auch als »Tal der Toten« bekannt, schlängelt sich durch eine imposante Landschaft. Die Tour folgt einem trockenen Bachbett durch Kalksteinklippen mit Höhlengräbern aus minoischer Zeit. Ein Aquädukt liefert Trinkwasser.

⑩ Agía Rouméli – Loutró
Karte C–D4

Die Tagestour folgt zunächst einem Weg am Strand von Agios Pávlos, anschließend geht es einen steilen Pfad hinauf zu einem mit Pinien bewachsenen Plateau. Nach dem Abstieg in die Aradéna-Schlucht führt ein steiler Zickzackpfad durch die Klippen zum Feriendorf Loutró.

Küstendorf Loutró

TOP10 Tierwelt

Kreta-Stachelmaus mit ihrem Jungen

① Kreta-Stachelmaus
Diese Art gibt es nur auf Kreta. Die nachtaktiven Tiere kann man am ehesten in der Dämmerung an felsigen Hängen, ihrem natürlichen Lebensraum, beobachten. Die Stachelmaus erkennt man an den großen Ohren und dem stachligen Rückenfell.

② Zwergohreule
Die kleine Eulenart mit grauem Gefieder und leuchtend gelben Augen ist auf Kreta weitverbreitet. Die Zwergohreule nistet in Nischen verfallener Mauern, auf Telefonmasten oder Baumstümpfen. Man sieht sie vorwiegend in der Abenddämmerung, noch öfter kann man in der Nacht ihren monotonen Ruf hören.

③ Segelfalter
Der auffällig gemusterte Segelfalter ist Europas größte Schmetterlingsart. Man erkennt ihn an seinen blassgelben oder weißen Flügeln mit dunklen Zebrastreifen sowie roten und blauen Augenflecken. Im Sommer ist er auf ganz Kreta zu entdecken.

④ Gecko
Die Echse mit den charakteristischen großen Augen kann dank der Beschaffenheit ihrer Zehen kopfüber an Glasscheiben laufen. Geckos leben bevorzugt in älteren Gebäuden. Dort kann man sie nachts häufig bei den Außenlampen sitzen sehen: Sie lauern Mücken, Motten und anderen Insekten auf, die vom Licht angezogen werden.

⑤ Bartgeier
Der seltene Bartgeier, Europas größter Greifvogel, lebt in der Omalós-Hochebene und in den höheren Regionen der Lefká Ori. Der »Knochenbrecher« ernährt sich von Schafs- und Ziegenkadavern. Um an das Mark zu kommen, lässt er manchmal die Knochen aus großer Höhe auf den Boden fallen, wo sie zerspringen.

Bartgeier sind geschickte Flieger

⑥ Kretische Wildkatze
Kretische Schafhirten haben schon immer von einer Wildkatze namens *fourógatos* im Idi-Gebirge berichtet. Die ersten lebenden Exemplare dieser Raubtierart wurden jedoch erst Mitte der 1990er Jahre von italienischen Zoologen gefangen. Die gelbbraune Rasse wiegt bis zu 5,5 Kilogramm und kann furchterregend knurren.

Prächtiger Segelfalter

7 **Krauskopfpelikan**
Diese Pelikanart brütet an den Seen und in den Feuchtgebieten Nordgriechenlands, Nordmazedoniens und Albaniens. Im Winter fliegen die Pelikane ins Nildelta – einige kommen manchmal durch stürmisches Wetter vom Kurs ab oder müssen wegen starker Gegenwinde auf Kreta landen und überwintern.

Krauskopfpelikan im Flug

8 **Kretischer Bläuling**
Der schöne kretische Bläuling kommt nur in den Hochlagen der Oros Díkti und im Idi-Gebirge vor. Die dunkelbraune Schmetterlingsart ist vom Aussterben bedroht.

9 **Eleonorenfalke**
Der sehr seltene Eleonorenfalke brütet vor der Küste Kretas und kann manchmal bei beeindruckenden Flugmanövern an den Steilklippen von Zákros in Ostkreta beobachtet werden.

10 **Kretische Wildziege**
Die auf Kreta *agrími* oder *kri-kri* genannte Wildziege zählt zu Europas seltensten Säugetieren. Rund 2000 Exemplare der scheuen Art leben im Samariá-Nationalpark, an den Klippen der Lefká Ori und auf der Insel Día nördlich von Kreta.

Kretischer Wildziegenbock

Bäume & Blumen

Kretischer Ebenholzstrauch

1 Kretischer Ebenholzstrauch
Das kretische Ebenholz blüht im Frühling mit rosafarbenen Ähren. Es wächst an den steilen Felsen und Berghängen.

2 Wacholder
Auf Kreta gedeihen zwei Wacholderarten: Eine Art wächst als salzunempfindlicher Strauch in den Sanddünen, die andere als Baum im Inland.

3 Drachenwurz
Die übel riechende rote Blüte der Drachenwurz ist bereits auf minoischen Fresken als Dekor zu sehen.

4 Gelbe Ragwurz
Die Blüte der Gelben Ragwurz kann man im Frühling an den Berghängen bestaunen.

5 Pechnelke
Insekten bleiben an den klebrigen Stängeln der Pechnelke hängen. Man kann die Pflanze an den leuchtend rosafarbenen Blüten erkennen.

6 Gelber Hornmohn
Der Gelbe Hornmohn bringt Farbe in die felsigen Küstengebiete.

7 Pfahlrohr
Diese Schilfrohrart an den Ufern kretischer Bäche wird bis zu vier Meter hoch.

8 Alpenveilchen
Wenn im Oktober die pinkfarbenen Blumen blühen, ist das ein eindeutiges Zeichen für das Ende des Sommers.

9 Frühlingskrokus
Die hellviolette Blüte mit ihren leuchtend gelben Staubgefäßen kann man im Frühjahr beobachten.

10 Immergrüne Platane
Diese nur auf Kreta verbreitete Platanenart ist gut an die rauen Bedingungen auf der Insel angepasst.

TOP10 Nachtleben

Abendessen im Freien in Palaióchora

1 Palaióchora
Karte B4

Palaióchora war bis in die 1980er Jahre ein Treffpunkt der Hippies. Noch heute herrscht eine entspannte Atmosphäre. Am Kiesstrand gibt es einige nicht zu laute Musikbars, außerhalb der Stadt ein paar Open-Air-Clubs *(siehe S. 102)*.

2 Agios Nikólaos
Karte N4

Agios Nikólaos ist nachts sehr lebhaft, verglichen mit der Ruhe während des Tages. Die Fußgängerzone Odós 25 Martíou, die den Hang von

der Südwestecke des Hafens hinaufführt, bildet das Zentrum des Nachtlebens. Hier befinden sich ein halbes Dutzend Musikbars, noch einmal so viele liegen am Hafen selbst. Allerdings gibt es nur ein bis zwei gute Clubs *(siehe S. 112f)*.

3 Agía Pelagía
Karte K3

Der Ferienort liegt 20 Kilometer westlich von Iráklio an einem steilen Hang oberhalb einer geschützten Bucht mit einem schönen Sandstrand. An Sommerabenden sind die am Wasser gelegenen Cocktailbars und Seafood-Tavernen beliebte Treffpunkte der Einheimischen.

4 Plataniás
Karte C2

An Sommerwochenenden fahren viele Jugendliche aus Chaniá nach Plataniás. Es gibt hier mindestens ein Dutzend großartiger Clubs, die meisten mit Tanzflächen unter freiem Himmel. Dort geht es erst nach Mitternacht richtig los *(siehe S. 105)*.

5 Agía Galíni
Karte G5

Der kleine Ferienort ist für seine Partys bekannt. Ab 23 Uhr beginnt das Leben in den Bars und Clubs rund um den Hafen. Hier kann man bis in die frühen Morgenstunden von Club zu Club wechseln *(siehe S. 93)*.

Hafen von Agios Nikólaos im Schein der Lichter

Gut besuchte Taverne in Chersónisos

 Chersónisos
Karte M4

Chersónisos bietet einen der schöneren Strände an der Nordküste. In dem einstigen Fischerdorf reihen sich Bars, Clubs, Restaurants und Pensionen aneinander *(siehe S. 93)*.

 Réthymno
Karte F3

Die besten Musikbars sind in den Gassen von der Altstadt zum Hafen zu finden. Nachts verlagert sich die Szene in die Open-Air-Clubs der Ferienanlagen an der Küste östlich des Stadtzentrums *(siehe S. 26f)*.

 Siteía
Karte Q4

Siteías Nachtleben ist längst nicht so aufregend wie das der anderen Küstenorte im Norden. Dennoch kann man auch in Siteía den Abend damit verbringen, von Bar zu Bar zu ziehen. An der Straße, die am Strand entlangführt, gibt es auch ein paar Clubs *(siehe S. 111)*.

 Iráklio
Karte K3

In Kretas Hauptstadt geht es gemächlicher zu als in den Ferienorten. Die Jugend von Iráklio trifft sich vorwiegend in den Cafés und Musikbars an der Plateía Venizélou und in der Odós Chándakos *(siehe S. 16–19)*.

 Chaniá
Karte D2

An Sommerabenden schallt Musik aus den meisten Bars und Cafés am Hafen von Chaniá. Es gibt kaum eine höhere Dichte an Bars, Cafés und Clubs auf Kreta. Die Jugend der Stadt zieht es nach Mitternacht meist nach Plataniás *(siehe S. 105)* oder in die Clubs von Koúm Kapí, einem Strand östlich der alten Stadtmauer *(siehe S. 20f)*.

Tavernen in der Altstadt von Chaniá

TOP10 Spezialitäten

Patsás, die kretische Kuttelsuppe

1 Suppen *(kreatósoupa & patsás)*

Die ländliche Küche Kretas verwertet alles vom geschlachteten Tier, so wird z. B. aus Knochen und Fleischresten von Ziege, Bergschaf oder Rind *kreatósoupa* zubereitet. *Patsás* ist eine dicke Kuttelsuppe. Beides wird oft bei großen Feiern serviert, wenn etwa eine Ziege geschlachtet und am Spieß gebraten wird.

2 Tsikoudiá

Tsikoudiá oder *rakí* ist ein klarer Schnaps, der wie Grappa aus Trester destilliert wird. Manche Markthändler beginnen ihren Tag mit einem *tsikoudiá* und einem starken Kaffee. *Tsikoudiá* wird auch als Verdauungsschnaps serviert.

Tsikoudiá, Schnapsklassiker auf Kreta

3 Käse *(myzíthra & stáka)*

Die einheimischen Käsesorten sind wesentlich geschmackvoller als der allgegenwärtige griechische *féta.* Probieren Sie *myzíthra,* der aus Schafs- und Ziegenmolke unter Zugabe von Milch hergestellt wird, oder den *stáka,* eine Art Butterschmalz aus Ziegen- oder Schafsmilch. *Stáka* wird gern warm mit Brot gegessen.

4 Bier

Auf Kreta haben sich zwei Kleinbrauereien etabliert. In Chaniá produziert Cretan Brewery helles Bier, dunkles Bier und Pale Ale der Marke Chárma. Brink's in Réthymno braut helles und dunkles Biobier.

5 Wein

Die Qualität der kretischen Weine wird immer besser, seitdem die Winzer verstärkt moderne Anbautechniken benutzen. Die meisten guten Weingüter befinden sich im Anbaugebiet um Pezá im Regionalbezirk Iráklio, doch auch im Gebiet um Siteía und Chaniá macht man guten Wein.

6 Schweinswurst *(loukániko)*

Auf *loukániko,* die bekannte griechische Wurst aus Schweinefleisch, trifft man im ganzen Land, auf Kreta schmeckt sie jedoch am besten. Die Sfakiá-Region ist berühmt für eine besonders gute Sorte. *Loukániko* gehört gegrillt, manchmal auch gebraten, zu den traditionellen *mezédes* (griechischen Vorspeisen).

7 Griechischer Kaffee *(ellinikós kafés)*

Fein gemahlenes Mehl aus Robusta-Kaffeebohnen und Zucker werden in kleinen Metalltöpfen *(mpríki)* gekocht. Dies ergibt einen starken Kaffee, der in kleinen Tassen zusammen mit einem Glas Wasser serviert wird. Trinken Sie ihn mit viel Zucker *(glykós),* normal gesüßt *(metriós)* oder ohne Zucker *(skétos).*

Verkaufsstand mit frischen Oliven

⑧ Oliven
Kreta und Oliven – das gehört zusammen. Die Früchte sind Nahrung und liefern Lampenöl, das Holz dient als Brennstoff – ohne Oliven wäre Kreta nie Zentrum der minoischen Kultur geworden. Es gibt sie in unzähligen Geschmacksrichtungen und Größen. Kretas Olivenöl, vor allem das aus der Kolymvári-Region, wird weltweit hoch geschätzt.

Schnecken mit Tomatensauce

⑨ Schnecken (chochliós)
Schnecken, früher als reine Proteinquelle betrachtet, gelten heute als Delikatesse. *Chochliós* werden gekocht in Tomatensauce oder gebraten mit Knoblauch, Kräutern und Butter serviert.

⑩ Stachelige Zichorie (stamnagáthi)
Die Königin unter den Blattgemüsen Kretas kommt meist blanchiert auf den Teller. Klassische Erntezeit ist im Frühling, doch mittlerweile wird *stamnagáthi* ganzjährig angebaut.

Kräuter & Gewürze

1 Oregano
Das Herkunftsgebiet Oros Díkti verlieh dem kretischen Oregano seinen wissenschaftlichen Namen *(Origanum dictamnus)*. Er soll besondere Heilkraft besitzen.

2 Salbei
Salbei aus den kretischen Bergen ergibt einen Tee, der bei Fieber, Erkältungen, Halsschmerzen und Rheuma hilft.

3 Safran
Das teure Gewürz aus der Krokusblüte wird sparsam eingesetzt, um Farbe und Geschmack in Suppen und Eintöpfe zu bringen.

4 Fenchel
Auf Kreta wächst viel Fenchel. Die Triebe werden u. a. verwendet, um Fisch zu füllen. Die Knollen werden gekocht und etwa als Beilage zu Tintenfisch serviert.

5 Koriander
Koriander benutzt man frisch als Gewürz und zur Garnierung von Eintöpfen, Grillgerichten und Salaten.

6 Zimt
Venezianer und Osmanen haben ihre Leidenschaft für Gewürze an die Kreter weitergereicht. Zimt ist essenziell für *rizógalo* (Milchreis) und Süßspeisen.

7 Kreuzkümmel
Kreuzkümmel ist das wichtigste Gewürz in einem lange geschmorten *stifádo*.

8 Rosmarin
Der auf Kreta im Überfluss wachsende Rosmarin würzt vor allem Fischgerichte.

9 Minze
Wild wachsende Minze verströmt an ländlichen Wanderwegen ihren Duft und gibt Gerichten wie *keftédes* (Fleischbällchen) das besondere Aroma.

10 Thymian
Der süßliche Thymian wächst auf Kreta wild an Straßen und Berghängen.

Thymian in voller Blüte

ⓉⓄⓅ🔟 Restaurants

Das Restaurant Avli in einem schönen Innenhof in Réthymno

① Avli, Réthymno
Das elegante Lokal in einem Innenhof gehört zu den besten in Réthymno. Neben traditionellen gegrillten und gebratenen Fleischgerichten gibt es kretische Spezialitäten wie *apáki* (Räucherfleisch) und Ziegenbraten *(siehe S. 109)*.

② Tamam, Chaniá
Das Tamam ist bei Einheimischen und Urlaubern gleichermaßen beliebt. Die Gerichte stammen aus dem östlichen Mittelmeerraum. Es gibt auch eine gute Auswahl an vegetarischen Gerichten *(siehe S. 109)*.

Gäste vor dem Tamam in Chaniá

③ Ta Dyo Rou, Réthymno
Zu traditionellen Gerichten wie Tintenfisch mit Fenchel, Artischocken mit dicken Bohnen oder *stamnagáthi* gibt es leckeres Brot und guten Wein. Im Hintergrund läuft dezente Musik *(siehe S. 109)*.

④ Balcony, Siteía
Das Restaurant eines kretisch-französischen Paars bringt Gerichte der Fusionsküche mit Einflüssen aus Griechenland, Mexiko, Asien und Frankreich auf den Tisch. Vieles wird mit Wildkräutern und regionalen Produkten zubereitet, etwa Schnecken mit Tomatensauce und Ziegenkäse oder Schweinefilet mit Joghurt und Pilaw *(siehe S. 119)*.

⑤ Portes, Chaniá
Das Portes ist bekannt für seine Originalität – es bietet traditionelle Speisen mit modernem Touch. Probieren Sie die Tagesgerichte aus Zutaten der Region *(siehe S. 109)*.

⑥ Methexis, Palaióchora
Das ganze Jahr hindurch serviert das Lokal am Ostufer, abseits vom eigentlichen Restaurantviertel, kreative kretische Gerichte – relativ preisgünstig, aber in begrenzter Menge. Wer als Erstes kommt, erhält den besten Tisch *(siehe S. 109)*.

(7) 7 Thalasses, Iráklio
Östlich des Stadtzentrums in Néa Alikarnassós, nicht weit vom Flughafen entfernt, liegt nach Ansicht der Einheimischen eines der besten Fischrestaurants der Insel. Tintenfisch mit Pesto, Wolfsbarsch mit Trüffeln und Spargel sowie das exquisite Sushi sind die Renner im »Sieben Meere« *(siehe S. 97)*.

(8) Poulis, Eloúnta
Das Poulis liegt schön am Wasser und bietet sogar Tische auf einem schwimmenden Ponton. Bei nächtlicher Beleuchtung könnte man fast meinen, auf einer Yacht zu speisen. Die Fischgerichte sind exzellent, ebenso die traditionellen Vorspeisen *(siehe S. 119)*.

(9) Veneto, Réthymno
Im 14. Jahrhundert diente dieses Gewölbe als Speisesaal für die Mönche, die in den Klosterzellen darüber lebten. Der Küchenchef des hübschen Restaurants mit Innenhof bereitet eine Reihe von kretischen Spezialitäten nach traditionellen Rezepten aus der Region zu. Es gibt auch ein Probiermenü. Der Service ist exzellent *(siehe S. 109)*.

Historisches Ambiente des Veneto

(10) The Ferryman, Elounda
Das Restaurant, benannt nach der TV-Serie *Who Pays the Ferryman?*, die die BBC in den 1970er Jahren her drehte, serviert Spezialitäten wie Hummer und Bergziegenbraten an Tischen direkt am Meer *(siehe S. 119)*.

Fisch in Kretas Restaurants

Barboúnia (Rotbarbe) aus der Pfanne

1 *Barboúnia*
Die kleinen Rotbarben sind gebraten oder gegrillt auf jeder Speisekarte zu finden. Leider liefert jeder Fisch nur wenige Bissen.

2 *Melanoúri*
Die leckere Brandbrasse hat im Frühling Saison und wird in der Regel gegrillt.

3 *Fangrí*
Meerbrassen aus dem Roten Meer werden für ihr weißes Fleisch geschätzt. Der Fisch – meist der teuerste auf der Karte – wird gegrillt und als Ganzes serviert.

4 *Marídes*
Die kleinen Schnauzenbrassen werden in Mehl gewendet und kurz gebraten. Man serviert sie mit Kopfsalat und einer Zitronenscheibe.

5 *Lavráki*
Seebarsch wird mit Olivenöl, Rotweinessig und Rosmarin gebacken und als Ganzes serviert.

6 *Sardélles*
Gegrillte Sardinen werden in Weinblätter gehüllt, um das Aroma und den Saft zu erhalten.

7 *Xifías*
Schwertfisch zählt unter den Köchen zu den beliebtesten Fischen.

8 *Skorpiós*
Der unansehnliche Skorpionfisch ist erstaunlich schmackhaft. Er findet sich in jeder kretischen Fischsuppe, wird aber auch gegrillt.

9 *Tónnos*
Thunfisch erhält man auf Kreta fangfrisch im Frühling und im Herbst.

10 *Gópa*
Die kleine Gelbstriemenbrasse – meist das günstigste Gericht auf der Karte – ist grätig, schmeckt aber hervorragend.

TOP 10 Tavernen

Eine Auswahl kretischer Spezialitäten

1 Piperia, Péfki
Für die traditionellen kretischen Gerichte werden regionale Zutaten verwendet. Gäste genießen in gemütlicher Atmosphäre zum köstlichen Essen den Blick auf die raue Südküste. An den Wochenenden gibt es gelegentlich abends Livemusik und Tanz *(siehe S. 119)*.

2 Plateia, Mýrthios
Die Dorftaverne ist vor allem wegen ihrer Terrasse beliebt, die direkten Blick auf das Mittelmeer bietet. Sonntags scheint es, als würde es halb Kreta hierherziehen. Unter der Woche ist es ruhiger, dann kann man die traditionelle Küche in entspannterer Atmosphäre genießen *(siehe S. 109)*.

3 Ta Douliana, Doulianá
Die typische Taverne im Herzen des kleinen Dorfs Doulianá bietet Holztische und Holzstühle, die auf einer Terrasse im Schatten von Weinreben stehen. Das Lokal serviert herzhafte Gerichte, darunter *arní avgolémono* (Lamm an Zitronensauce). Die Hauptgerichte werden durch eine gute Auswahl an Wein und Käse aus der Region ergänzt. An kühlen Abenden wärmt ein knisterndes Kaminfeuer *(siehe S. 109)*.

4 Goules, Gouledianá
Karte F4 ▪ 10 km südl. von Réthymno ▪ +30 28310 41001 ▪ €
Die traditionelle Dorftaverne ist stolz auf ihre kretischen Gerichte mit dem gewissen Etwas. Schweinebraten in Wein-Honig-Sauce ist zu empfehlen.

5 Taverna Arxaia Lappa, Argyroúpoli
In dem für seine natürlichen Quellen bekannten Argyroúpoli serviert diese Taverne traditionelles *arní lemonáto* (gebratene Lammkeule mit Zitrone und Kartoffeln), Gerichte mit Huhn und Schwein sowie große Salate. Das Essen ist köstlich, das Personal sehr freundlich *(siehe S. 109)*.

6 Tou Zisis, Misíria
Von außen weist nichts auf eine gemütliche ländliche Taverne hin. Im Inneren jedoch werden mit die besten Gerichte in der ganzen Umgebung serviert. Allein das Lamm vom Grill lohnt den kurzen Ausflug von Réthymno *(siehe S. 109)*.

7 El Greco, Léndas
Gäste können die Tagesgerichte in der Küche wählen. Zudem stehen Fisch, Oktopus und Fleisch vom Grill auf der Karte. Serviert wird auf mehreren Terrassen am Strand. Sie sollten reservieren *(siehe S. 97)*.

Tische auf der Terrasse des El Greco, Léndas

8 **Androulidakis, Goniá**
Karte F3 ▪ +30 69740 06027 ▪ €
Die von einer Familie geführte Taverne bietet im Sommer Tische im
Freien. Für die kretischen Spezialitäten werden nur Zutaten aus
eigener Herstellung verwendet.

9 **Kalliotzina, Koutsourás**
Die Inhaber laden ihre Gäste
in die Küche ein, damit sie eines der
traditionellen Tagesgerichte wählen
oder sehen, wie Fisch gegrillt wird.
Serviert wird an Tischen mit Meerblick. Zweimal die Woche gibt es
griechische Musik *(siehe S. 119)*.

Tische mit Meerblick im Kalliotzina

10 **Mourelo Cretan,
Ammoudára**
Das nette Restaurant mit Tischen
im Freien bietet ausgezeichnete
Steaks, große Salate, Seafood und
erfrischende Cocktails *(siehe S. 97)*.

Weine & Weingüter

Weinkeller mit Probiermöglichkeit

1 Domaine Fantaxométocho
Boutári produziert auf diesem Weingut
im Dorf Skaláni exzellenten Rotwein aus
Kotsifáli- und Mantiariá-Trauben.

2 Domaine Paterianákis
Das kleine Weingut macht aus Kotsifáli-
und Syrah-Trauben sehr guten Rosé.

3 Lyrarákis Legacy White
Das Weingut kombiniert die Rebsorten
Vilána, Vidianó und Moscháto Spína und
bewahrt so die Vielfalt der Region.

4 Miliarákis Métoikos
Die schwere Rotwein-Cuvée aus Syrah
und Cabernet Sauvignon passt zu rotem
Fleisch und deftigen Saucen.

5 Sitia Union Winery Sitia White
Der trockene Wein aus Vilána- und
Thrapsathíri-Trauben schmeckt hervor-
ragend zu Seafood.

6 Pnevmatikákis Kritopelagítis
Das aufstrebende Weingut in Kastélli
Kissámou produziert trockenen Weiß-
wein aus Vilána- und Roméiko-Trauben.

7 Oikonómou Liátiko
Auf der Zíros-Hochebene in Südostkreta
wachsen die heimischen Trauben für
diesen komplexen Rotwein.

8 Miliarákis Estate PDP Red
In den Eichenfässern des alten Weinguts
in der Pezá-Region reift der kräftige Rote
aus Kotsifáli- und Mantiariá-Trauben.

9 Gavalás AN Rosé
Das Weingut Gavalás wirbt mit Bio-Her-
stellungsverfahren. Cabernet Sauvignon
und die heimische Kotsifáli-Traube ergeben diesen trockenen Rosé.

10 Lyrarákis Malvasia
Schon die Venezianer exportierten den
weißen Dessertwein in die ganze Welt.
Vier Rebsorten trocknen in der Sonne
und reifen ein Jahr im Eichenfass.

Preiskategorien siehe S.97

🔟 Cafés & Mezedopoleía

Ouzeri tou Terzaki in der Altstadt von Iráklio

① Avli tou Devkaliona, Iráklio
Karte S1 ■ Lysimáchou Kalokairinoú ■ +30 28102 44215
Gleich hinter dem Historischen Museum von Kreta werden in einem Hof mit einem versiegten venezianischen Wandbrunnen u. a. *volvoí* (eingelegte Zwiebeln) und *keftedákia* (Fleischbällchen) zu *rakí* serviert.

② Koukouvagia, Chaniá
Karte D2 ■ Táfoi Venizélou
Einheimische besuchen das Café, das auf einer Anhöhe nahe den Gräbern der Familie Venizélos liegt, wegen der köstlichen Desserts, darunter Schokoladen-Mousse-Torte und Apfelkuchen mit Sahne.

③ Avli, Agios Nikólaos
Karte N4 ■ Prígkipos Georgíou 12 ■ +30 28410 82479
Das *mezedopoleío* in einem von Zitronenbäumen beschatteten Innenhof serviert exzellente Vorspeisen und Hauptgerichte. Der Hauswein stammt von den eigenen Weinbergen in den Hügeln von Siteía.

④ Ouzeri tou Terzaki, Iráklio
Das bei Einheimischen beliebte Lokal säumt mit anderen *mezedopoleía* eine schmale Gasse zum Hafen hin-

unter. Hier kann man etwas trinken und dazu *saganáki* mit Muscheln und andere ausgezeichnete *mezédes* genießen, etwa die mit Käse gefüllten Artischocken *(siehe S. 96)*.

⑤ Kaaren's, Eloúnta
Frühstück und Brunch des Cafés bieten eine willkommene Abwechslung zum üblichen Angebot einer Taverne *(siehe S. 118)*.

⑥ Kirkor, Iráklio
Die Tische erstrecken sich von dem klassischen Bäckerei-Café bis auf den Platz mit dem Morosini-Brunnen. Spezialität des Hauses ist *bougátsa*, ein süß oder deftig gefülltes Blätterteiggebäck. Das Café öff-

Käsepastete, wie sie das Kirkor serviert

net sehr früh und lädt mit diversen Kaffeespezialitäten zum Frühstücken ein *(siehe S. 96)*.

(7) Agios Bar, Palaióchora
Die Cafébar existiert seit über 100 Jahren. Sie ist wegen der guten Auswahl an Weinbränden, der mit *rakí* zubereiteten Cocktails und der hervorragenden Kaffeesorten beliebt *(siehe S. 108)*.

(8) The Bitters Bar, Iráklio
Karte T2 ▪ Plateía Venizélou
Die bei den Einheimischen beliebte Bar im Speakeasy-Stil serviert die ganze Nacht hindurch grandiose Cocktails. Morgens kann man hier Kaffee trinken.

(9) New York Beach Club, Chersónisos
In der Strandbar wird bei guten Drinks und Snacks mit Blick auf die Bucht gefeiert *(siehe S. 96)*.

Gäste im Ta Chalkina in Chaniá

(10) Ta Chalkina, Chaniá
Karte B5 ▪ Aktí Tompázi 29 – 30
Dies ist eines der wenigen von Einheimischen geschätzten Lokale am alten Hafen. Das liegt vor allem an der exzellenten kretischen Küche und an den Livemusikern, die an den meisten Abenden die Gäste unterhalten. Wer keinen Wert auf Musik legt: Es gibt auch Tische im Freien.

Vorspeisen *(mezédes)*

Saganáki mit Garnelen

1 *Saganáki*
Saganáki ist entweder eine dicke gebratene Scheibe Käse oder eine rote Käsesauce mit Garnelen.

2 *Marídes*
Die kleinen Schnauzenbrassen werden gebraten und mit einer Prise Salz und einer Scheibe Zitrone serviert.

3 *Loukániko*
Die geräucherten Schweinswürstchen sind vor allem im Winter ein typischer kretischer Snack.

4 Ofenkartoffeln
In den Bergdörfern gehört dieser Snack aus dem Holzofen in jedem *kafeneío* zu den Winterklassikern.

5 Oktopus *(chtapódi)*
Stücke vom Oktopus werden gegrillt oder mit Öl, Kräutern und Essig gekocht und zu *oúzo*, *rakí* oder *tsikoudiá* serviert.

6 *Kalitsoúnia*
Die kleinen mit Frischkäse und Kräutern gefüllten Törtchen werden manchmal mit Honig beträufelt.

7 *Askolýmproi*
Die Saison der jungen Golddisteln ist kurz. Serviert werden die gekochten Wurzeln und Triebe.

8 *Apáki*
Die geräucherte Schweinelende vom Spanferkel ist als Vorspeise beliebt.

9 *Omathiés*
Die Wurst aus Reis und Innereien ist eine ostkretische Spezialität.

10 *Melitzanosaláta*
Der leckere Dip besteht aus pürierten gegrillten Auberginen, Knoblauch und gehackten roten Paprika.

TOP10 Märkte, Läden & Shoppingmeilen

Shop eines archäologischen Museums

 Museumsläden
Karte Q1 & A5

Qualitativ gute Nachbildungen von archäologischen Fundstücken findet man in der venezianischen Loggia in der Odós Palaiológou in Réthymno und in der Byzantinischen Sammlung in Chaniá.

 Weingut Boutári, Skaláni
Karte L4 ■ 6,5 km nördl. von Archánes ■ +30 28107 31617

Fantaxométocho im Dorf Skaláni ist das größte Weingut auf Kreta. Im Besucherzentrum hat man Gelegenheit, die besten Weine der Insel und des übrigen Griechenland zu probieren und zu kaufen (siehe S. 91).

 Odós Skrydlóf, Chaniá
Karte B6

Die Straße in der Altstadt war einst das Zentrum der Sattler und Schuhmacher. Heute werden in den Läden Schulranzen, Sandalen und Handtaschen verkauft.

 Odós Daidálou, Iráklio
Karte T2

In der Fußgängerzone haben sich Mode-Outlets, Juweliere und Läden für Leinen- und Baumwollkleidung angesiedelt.

 Ausstellung regionaler Produkte, Landwirtschaftliche Genossenschaft Siteía
Karte Q4 ■ Mýsonos 74 ■ Anmeldung unter +30 28430 29991

Die Genossenschaft wirbt für Produkte aus der Region und zeigt, wie Trauben und Oliven auf Kreta angebaut und verarbeitet werden. Olivenöl, Wein und rakí von guter Qualität werden zum Kauf angeboten.

 Markthalle, Odós Tsouderón, Chaniá
Karte B6

Die Markthalle von Chaniá ist stets voller Händler und Kunden. An den Ständen erhält man Kräuter, Olivenöl, Trockenfrüchte, Honig und kretische Souvenirs wie die Metallkännchen (mpríki), in denen griechischer Kaffee zubereitet wird.

Reges Interesse an den Ständen in der überdachten Markthalle von Chaniá

(7) Markt neben dem Stadtgarten, Réthymno
Karte Q3

Der Markt findet donnerstags von 7 bis 13 Uhr auf einem Parkplatz statt. Die Händler verkaufen Produkte aus der Region, u. a. Obst und Gemüse, Käse, Honig, Blumen und Kleidung. Samstagmorgens gibt es auch einen kleinen Markt auf dem Platz neben der Bushaltestelle.

(8) Odós 1866, Iráklio
Karte T2–3

Iráklios Hauptgeschäftsstraße bietet mehrere Läden, in denen Kräuter und Kräutertee verkauft werden. Zu den angebotenen kretischen Lebensmitteln gehören Oliven und Körbe mit lebenden Schnecken.

Kaffeeröster in der Odós 1866, Iráklio

(9) Odós Soulíou, Réthymno
Karte Q2

Die Läden in der Shoppingmeile verkaufen Kopien minoischer Töpferwaren sowie traditionelle kretische Töpferarbeiten und moderne Keramik. Auch Stickereien und Artikel aus Baumwolle, Leinen und Spitze werden angeboten.

(10) Odós Ethnikís Antistáseos, Réthymno
Karte Q2

Der bezaubernde Markt existiert seit Jahrhunderten an der Odós Ethnikís Antistáseos und rund um die venezianische Pórta Guora. Frühmorgens ist er am lebhaftesten, wenn Kellner mit Kaffee und *rakí* zwischen den Marktständen hin- und herlaufen.

Traditionelle Läden

1 Kompolói 52, Chaniá
Dimotikí Agorá, Stand 52
Hier gibt es traditionelle Perlenkettchen aus Olivenholz, Bernstein oder Türkis.

2 Domaine Oikonómou, Siteía
Der hier erhältliche Rotwein entsteht aus regionalen Liátiko-Trauben *(siehe S. 117)*.

3 O Arménis, Chaniá
Sífaka 14
Der Messerhändler fertigt Klingen mit individuellen Griffen aus Holz oder Horn.

4 Ioánnis Petrákis Icons Art Studio, Eloúnta
Ioánnis Petrákis malt Ikonen im Stil der kretischen Schule *(siehe S. 117)*.

5 Sitia Union Winery, Siteía
km 1, E75 (Siteía – Agios Nikólaos)
Wein und Olivenöl entstehen aus Rohstoffen regionaler Bauern und Winzer.

6 Vardaxís, Réthymno
Koronaíou Pánou 31, Altstadt
Die Keramikwerkstatt fertigt edle Teller, Schüsseln, Kunstwerke und Fliesen.

7 Museumsshop, Archäologisches Museum Chaniá
Chálidon 28
Erhältlich sind Repliken von Schmuck, Statuen und Keramik aus minoischer und hellenistischer Zeit.

8 Liranthós, Réthymno
Arkadíou 66
Der Laden ist auf traditionelle kretische Musikinstrumente spezialisiert.

9 Kretische Dorfläden, Arólithos
Servili Týlisos
Textilien, Stickereien und Keramiken stammen von lokalen Handwerkern.

10 Níkos Sirágas, Réthymno
Petalióti 2, Altstadt
Der renommierte Holzbildhauer stellt Schüsseln, Vasen und Kunstwerke her.

Auslage bei Níkos Sirágas

🔟 Kostenlose Attraktionen

① Kérasma
In traditionellen Tavernen erhalten Gäste nach dem Essen oft ein Dessert *(kérasma)* – *chalvás* (Halva), *kormós* (Schokoladenbrot), frisches Obst oder Joghurt mit Honig – sowie ein Glas *rakí* gratis als Zeichen kretischer Gastfreundlichkeit. In teureren Tavernen sowie in Touristengegenden ist diese Tradition seltener zu beobachten.

② Sonnenuntergänge
Es gibt fast nichts Schöneres, als am Ende eines heißen Sommertages am Strand oder in einem Café die Sonne über dem Meer untergehen zu sehen. Wenn nachmittags die Hitze nachlässt, beginnt der Himmel in Orange-, Pink- und Violetttönen besonders romantisch zu leuchten.

③ Trinkwasser
Kretas Leitungswasser kann man bedenkenlos trinken. In Bars, Restaurants und Cafés erhalten Gäste einen vollen Krug gratis an den Tisch. Kreter versorgen sich oft an öffentlichen Trinkwasserbrunnen.

④ Strände
Wer ein Handtuch mitbringt und sich damit auf den Sand legt, muss für den Strandbesuch nichts bezahlen. Liegestühle und Sonnenschirme kosten eine Leihgebühr. Bei Kiesstränden ist eine Bast- oder Isomatte unter dem Handtuch sinnvoll.

Türkisblaues Meer, Strand von Elafonísi

Archäologisches Museum Réthymno

⑤ Museen & archäologische Stätten
Museen und archäologische Stätten verzichten an Melína Mercoúris Todestag (6. März), am Internationalen Denkmaltag (18. Apr), am Internationalen Museumstag (um den 18. Mai), am *Ochi*-Tag (28. Okt) sowie am ersten Sonntag des Monats (Nov – März) meist auf Eintritt.

⑥ Kirchen
In griechisch-orthodoxen Kirchen sorgt das spärliche Licht von Kerzen und Räucherwerk für eine besondere Atmosphäre. Besucher einer Messe – Männer wie Frauen – sollten sich respektvoll kleiden und Schultern und Knie bedecken.

7 Augustvollmond
Jedes Jahr begeht das griechische Kulturministerium den Augustvollmond mit einer Reihe von Veranstaltungen in verschiedenen archäologischen Stätten. Auf Kreta sind dann Phaestos, Górtys und Mália bei freiem Eintritt bis Mitternacht oder 1 Uhr geöffnet.

8 Wanderwege
Bis auf die Samariá-Schlucht, wo ein Beitrag zum Unterhalt des Samariá-Nationalparks erhoben wird, und die Imbros-Schlucht sind Kretas Wanderwege kostenlos. An manchen Strecken stehen Picknicktische und -bänke. Um Verpflegung muss man sich selbst kümmern.

Wanderer in der Samariá-Schlucht

9 European Music Day
www.europeanmusicday.gr/en
Am European Music Day finden jedes Jahr vom 21. bis zum 23. Juni in mehreren griechischen Städten – auf Kreta sind dies Chaniá und Agios Nikólaos – kostenlose Open-Air-Konzerte statt.

10 Freiluftmärkte
In allen größeren Städten gibt es einen Straßenmarkt (laïkí agorá). Die Stände verkaufen Obst, Gemüse und günstige Haushaltswaren. Kreta beliefert einen großen Teil Griechenlands mit Obst und Gemüse.

Kreta für wenig Geld

1 Meiden Sie die Hochsaison von Juli bis Anfang September, wenn die Preise deutlich ansteigen.

2 Billigfluggesellschaften bieten im Mai und Juni sowie im September und Oktober besonders günstige Flüge an. Dann ist die Insel auch herrlich ruhig.

3 Für Kinder, Studenten mit Nachweis und Senioren ist in vielen Museen und archäologischen Stätten der Eintritt ermäßigt.

4 Manche Pensionen und Hotels gewähren Nachlass, wenn man längere Aufenthalte (ab einer Woche) bucht.

5 Fernwanderer, besonders wenn sie dem E4 folgen, können in Berg- und ländlichen Regionen gratis campen, wenn sie auf offenes Feuer verzichten und keine Abfälle zurücklassen.

6 Geben Sie Mietwagen wieder am Annahmeort zurück. »Einwegmieten« mit Rückgabe am Zielort sind teuer.

7 Wer im Restaurant sein Mahl aus Vorspeisen (mezédes) zusammenstellt, fährt im Vergleich zu einem Hauptgericht günstiger und abwechslungsreicher.

8 Frühstücken Sie eine süß oder deftig gefüllte bougátsa. Kenner empfehlen das Kirkor (siehe S. 76f).

9 Souvláki und ähnliche Fleischspießchen gibt es in Städten und Ferienorten an fast jeder Ecke. Sie sind lecker, machen satt und schonen den Geldbeutel.

10 In Tavernen ist der offene, in einer Karaffe servierte Wein günstiger als Flaschenwein.

Günstige Gerichte einer Taverne

TOP10 Feste & Veranstaltungen

Griechisch-orthodoxe Priester zelebrieren eine Ostermesse im Freien

① Dreikönigsfest
ganz Kreta ■ 6. Jan

Im griechischen Kalender endet an *Theofánia* die zwölftägige Herrschaft böser Geister, die an Weihnachten begann. Mit Zeremonien werden die Geister bis zum nächsten Jahr gebannt und Taufbecken, Quellen und Brunnen gesegnet. In Küstenorten tauchen junge Männer nach einem ins Meer geworfenen Kruzifix.

Dreikönigstauchen nach einem Kruzifix

② Unabhängigkeitstag & Mariä Verkündigung
ganz Kreta ■ 25. März

Der Nationalfeiertag – er erinnert an den Beginn des griechischen Freiheitskampfs (1821) – fällt mit dem Fest *Evangelismós* zusammen. Gefeiert wird mit Prozessionen und Militärparaden, Musik und Tanz.

③ Ostern
ganz Kreta ■ März / Apr

Páscha ist das wichtigste Fest in Griechenland. Es ist ein Familienfest, das man zu Hause feiert – als Höhepunkt des Tages werden eine Ziege oder ein Lamm am Spieß gebraten. Von prächtig gewandeten Priestern geführte Prozessionen werden oft mit einem Feuerwerk abgeschlossen. In zahlreichen Städten und Dörfern wird am Samstagabend ein Abbild des Judas Iskariot verbrannt.

④ Tag des heiligen Georg
Karte E4 ■ Así Goniá ■ 23. Apr

In der Kirche Agios Géorgios im Dorf Así Goniá lassen Hunderte von Schafhirten ihre Tiere segnen. Sie hoffen damit auf gesunde Herden und ein erfolgreiches Jahr. Zum Dank verteilen die Hirten kostenlos Schafsmilch.

⑤ Mediterranean Festival
Karte Q4 ■ Siteía ■ Ende Juni / Anfang Juli ■ www.sitiamedfest.gr/en

Das seit 2013 in der Fußgängerzone Pápies stattfindende Festival bietet drei Tage und Nächte kostenlose Konzerte mit Weltmusik und Jazz. Stände verkaufen Kunsthandwerk und lokale Spezialitäten.

Sommerfestival Iráklio
Karte K3 ▪ Iráklio
▪ Anfang Juli – Anfang Sep

An zahlreichen Orten im ganzen Stadtgebiet, darunter auch Plätze und Gebäude in der Altstadt, finden Konzerte sowie Theater- und Tanzaufführungen statt.

 Mariä Himmelfahrt
ganz Kreta ▪ 15. Aug

Das Fest *Koímisis tis Theotóku*, das zweitwichtigste nach Ostern, wird öffentlich gefeiert. Auf die Prozessionen folgt ein gemeinsames Essen im Kirchhof oder auf dem Marktplatz, wo anschließend musiziert und getanzt wird.

 Agios-Títos-Fest
Karte K3 ▪ Iráklio ▪ 25. Aug

Die größte Feier zu Ehren des Schutzheiligen von Kreta findet in Iráklio statt. Ikonen und Reliquien des ersten Bischofs der Insel werden mit großem Pomp durch die Straßen getragen. Der Festtag wird natürlich auch in vielen Kirchen außerhalb von Iráklio gefeiert.

9 **Kastanienfest**
Karte B3 ▪ Elos
▪ Ende Okt / Anfang Nov

Das Fest zur Kastanienernte wird in dem Dorf Elos in Südwestkreta mit Musik und Tanz sowie mit vielen Getränken und aus Kastanien zubereiteten Spezialitäten gefeiert.

10 **Arkadíou**
Karte G4 ▪ Moní Arkadíou ▪ 7. – 9. Nov

Die patriotische Feier erinnert an die Freiheitskämpfer von 1866 und die Verteidiger des Moní Arkadíou, die es vorzogen, sich und die osmanischen Belagerer in die Luft zu sprengen, statt sich zu ergeben *(siehe S. 36f)*.

Büste des Abts Gavriíl, Moní Arkadíou

Heilige

Mosaik mit dem Bildnis des hl. Paulus

1 Agios Pávlos (hl. Paulus)
Die Kapelle Agios Pávlos steht zwischen Agía Rouméli und Loutró, obwohl der Heilige laut Bibel nicht dort landete, sondern weiter südlich in Kaloí Liménes.

2 Agios Nikólaos (hl. Nikolaus)
Der Schutzheilige der Seeleute und Fischer wird auf ganz Kreta verehrt.

3 Agios Títos (hl. Titus)
Der Weggefährte des heiligen Paulus wurde der erste Bischof von Kreta.

4 Taxiárchos Michaíl (Erzengel Michael)
Der Befehlshaber *(taxiarchos)* der himmlischen Heerscharen wird von streitbaren Kretern besonders verehrt.

5 Agios Geórgios (hl. Georg)
Der Heilige ist sowohl der Patron der Hirten als auch der Krieger.

6 Agios Efstáthios (hl. Eustathius)
Efstáthios oder kurz Státhis ist ein beliebter Name in Südwestkreta. Viele Kapellen und Kinder heißen so.

7 Agios Ioánnis Theológos (hl. Johannes)
Der Apostel Johannes (der Theologe) schrieb seine *Offenbarung* auf Pátmos, wird aber auch auf Kreta verehrt.

8 Profítis Ilías (Prophet Elija)
Viele dem Propheten geweihte Bergkapellen waren einst Tempel des Helios.

9 Agioi Déka (Zehn Heilige)
Zehn Kreter wurden wegen ihres Glaubens von den Römern hingerichtet. Eine Kirche bei Górtys ist nach ihnen benannt.

10 Agios Ioánnis Pródromos (hl. Johannes)
Die orthodoxe Kunst stellt Johannes den Täufer oft als Asketen dar. Auf Bildern trägt er langes Haar und ein Schafsfell.

TOP 10 Inseln & Bootsausflüge

Wanderer auf der Insel Imeri Gramvoúsa

① Imeri Gramvoúsa
Karte B1

Auf der schönen Insel, die vor der Halbinsel Gramvoúsa liegt, steht eine Burgruine. In der Hochsaison fahren täglich Boote von Kastélli Kissámou aus die Insel an. Auch ab Chaniá werden Ausflüge angeboten.

② Elafonísi
Karte A4

Die Insel Elafonísi besitzt tropisches Flair und liegt doch nur einen Katzensprung vor der Küste von Kreta. Die von Mai bis September täglichen Bootsverbindungen ab Palaióchora benötigen eine Stunde Fahrzeit *(siehe S. 63)*.

Rosafarbener Sand am Strand von Elafonísi

③ Gávdos
Karte D6

Europas südlichster Punkt bietet ein paar einfache Pensionen, Tavernen und Strände. Im Sommer gibt es Bootsverbindungen von Agía Rouméli, Palaióchora, Soúgia und Chóra Sfakíon (Fahrplanauskunft unter www.anendyk.gr). Die Fahrzeit beträgt drei bis vier Stunden.

④ Palaióchora – Agía Rouméli
Karte B – C4

Von Palaióchora fahren Boote dicht an der Südküste entlang und legen in dem ruhigen Ferienort Soúgia an, bevor sie weiter nach Agía Rouméli fahren, dem kleinen Dorf am Ende der Samariá-Schlucht.

⑤ Agía Rouméli – Chóra Sfakíon
Karte C – D4

Nach einer Wanderung durch die Samariá-Schlucht kann man den Ausflug durch eine Bootstour entlang der Küste verlängern. Täglich fahren Boote in Richtung Osten zu dem kleinen Hafen Chóra Sfakíon.

⑥ Chrysí

Die Insel, wegen der Sandstrände *chrysí* (»golden«) genannt, heißt im Volksmund auch Gaidouroníisi (»Eselsinsel«), weil die Kreter ältere Esel gern auf unbewohnten Inseln wie dieser in den Ruhestand schicken. Boote ab Ierápetra fahren in 45 Minuten hierher *(siehe S. 116)*.

Día
Karte L3

Während eines Tagesausflugs ab Iráklio oder Chersónisos kann man auf der Insel ein paar der gefährdeten kretischen Wildziegen sehen.

 Koufonísi
Karte Q6

Boote fahren ab Makrigialós nach Koufonísi, wo Reste eines römischen Amphitheaters von der Vergangenheit zeugen. Man handelte damals mit Meeresschnecken, aus denen man das kaiserliche Purpur gewann.

Segelyachten ankern vor Koufonísi

 Spinalónga

Die Insel *(siehe S. 111)* ist quasi eine einzige venezianische Festung. Täglich verkehren Ausflugsboote ab Pláka (5 Min.), Eloúnta (20 Min.) und Agios Nikólaos (35 Min.).

 Antikýthira

Von Juli bis September steuern Fähren zweimal pro Woche die Insel vor Kretas Nordwestküste an. Sie fahren von Kastélli Kissámou nach Antikýthira, weiter zur größeren Nachbarinsel Kýthira und schließlich zum Festlandhafen Gýthio.

Wassersport

Windsurfen, ein beliebter Sport

1 Windsurfen
Surfbretter kann man z. B. an den Stränden von Mália, Siteía, Georgioúpoli, Chersónisos und Plakiás leihen.

2 Schnorcheln
Um Kreta gibt es klares Wasser und bunte Fische.

3 »Bananenrennen«
Aufblasbare »Bananen« mit bis zu sechs Personen »an Bord« werden in Mália und Chersónisos hinter Booten hergezogen.

4 Tubing
Beim Tubing rast eine Person auf einem großen Reifen hinter einem Jetski über das Wasser.

5 Katamaransegeln
Katamarane kann man in den meisten Badeorten stunden- oder tageweise mieten. Anfänger werden eingewiesen.

6 Segeln
Yachten können mit oder ohne Skipper und Crew gechartert werden.

7 Tauchen
Das Tauchen an archäologischen Stätten ist zwar verboten, es gibt jedoch gute Alternativen bei den Schiffswracks aus dem Zweiten Weltkrieg.

8 Wasserski
Wasserski wird in den größeren Badeorten angeboten, ist allerdings teuer.

9 Wasserparks
Acqua Plus in Chersónisos ist ein Erlebnisbad mit Rutschen, Wellen und Wasserfällen. Kleinere Spaßbäder gibt es auch bei Iráklio (Watercity) und Chaniá (Limnoúpolis).

10 Jetski
Die Jetski-Möglichkeiten wurden stark limitiert, in den großen Badeorten kann man die Fahrzeuge jedoch nach wie vor mieten.

Regionen

Weiß getünchte Häuser am geschützten Hafen von Loutró

TOP 10 Zentralkreta

Zu Zentralkreta gehören Strände, Ackerland und Berge – darunter der Idi (Psiloreítis), Kretas höchster Gipfel. Die Region war das Zentrum der minoischen Kultur, deren wichtigste Ruinen südlich der Hauptstadt Iráklio liegen. An der Nordküste befinden sich beliebte Ferienorte, an der Südküste gibt es ruhigere Orte zum Sonnenbaden am Strand.

Boote im Hafen von Iráklio

(1) Iráklio

Die Hauptstadt Kretas wurde im Zweiten Weltkrieg schwer beschädigt, nur wenige venezianische Gebäude blieben nach dem Wiederaufbau erhalten. Die venezianische Festungsanlage, der Hafen, die Arsenale und die Stadtmauern beeindrucken jedoch bis heute. Die größte Sehenswürdigkeit der Stadt ist das Archäologische Museum *(siehe S. 16–19).*

(2) Phaestos

Das Labyrinth von Ruinen wurde auf 1600 v. Chr. datiert. Es beinhaltet einen minoischen Hof, ein Theater mit steinernen Sitzreihen, eine Freitreppe, ein Peristyl und einen Zentralhof. Der hier entdeckte, bis heute nicht entzifferte Diskos von Phaestos ist im Archäologischen Museum Iráklio *(siehe S. 19)* ausge-

Ruinen der antiken Stätte Phaestos

stellt. Um 1450 v. Chr. wurde Phaestos zerstört – vielleicht durch eine Flutwelle, die auch die anderen minoischen Paläste auf Kreta vernichtete. Phaestos zählt weniger Besucher als Knosós, deshalb kann man den Blick auf das fruchtbare Land in Ruhe genießen *(siehe S. 24f).*

(1)	**TOP10-Attraktionen** *siehe S. 89–91*	
(1)	**Restaurants** *siehe S. 97*	
(1)	**Bars & Cafés** *siehe S. 96*	
(1)	**Dies & Das** *siehe S. 92*	
(1)	**Strände** *siehe S. 93*	
(1)	**Aktivitäten im Freien** *siehe S. 94*	
(1)	**Weingüter** *siehe S. 95*	

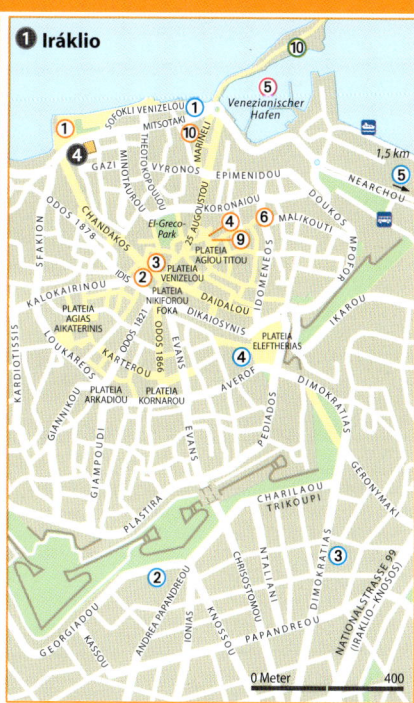

Fresko im Palast von Knosós

3 Palast von Knosós

Knosós wurde von Heinrich Schliemann als wichtige archäologische Stätte erkannt, Sir Arthur Evans begann 1900 mit den Ausgrabungen. Die Säulen, Höfe und bunten Fresken des minoischen Palasts faszinieren noch heute. Die imposante Anlage wurde vermutlich durch eine Flutwelle nach einem Vulkanausbruch, der die gesamte minoische Zivilisation vernichtete, zerstört. Die Stätte gehört zu den beeindruckendsten Relikten der minoischen Kultur (siehe S. 12–15).

4 Historisches Museum von Kreta

Karte S1 ▪ Sofoklí Venizélou 27, Iráklio ▪ +30 2810 283219 ▪ Apr–Okt: Mo–Sa 9–17 Uhr, So 10.30–17 Uhr; Nov–März: Mo–Fr 9–15.30 Uhr, Sa 10–16 Uhr ▪ Eintritt ▪ www.historical-museum.gr

Die Exponate reichen von der byzantinischen Zeit bis zum Zweiten Weltkrieg. Sie beinhalten venezianische Denkmäler, orthodoxe Kirchenfresken, Trachten und zwei Gemälde von El Greco.

5 Agía Triáda

Karte H5 ▪ 3 km westl. von Phaestos ▪ +30 28920 91564 ▪ tägl. 8.30–15.30 Uhr ▪ Eintritt (auch Kombiticket für Agía Triáda und Phaestos erhältlich) ▪ http://odysseus.culture.gr

Die Stätte wurde im frühen 20. Jahrhundert ausgegraben. Sie ist kleiner und weniger stark besucht als Knosós und Phaestos. Agía Triáda war vermutlich eine Aristokratenvilla oder ein königlicher Sommerpalast. Einige der schönsten Beispiele minoischer Töpferkunst wurden hier gefunden. Sie sind heute im Archäologischen Museum Iráklio zu sehen.

6 CretAquarium

Karte L3 ▪ Iráklio ▪ +30 28103 37788 ▪ tägl. 9.30–16 Uhr (Apr–Okt: bis 19 Uhr) ▪ Eintritt ▪ www.cretaquarium.gr

Das moderne Aquarium, mit dem Auto rund zehn Minuten vom Flughafen Iráklio entfernt, beheimatet rund 2500 Meereslebewesen aus 200 mediterranen Arten.

Meeresschildkröte, CretAquarium

7 Górtys

Römische Säulen, Ruinen einer byzantinischen Basilika, Befestigungsanlagen und Tempelreste weisen auf die glorreiche Vergangenheit der wenig besuchten archäologischen Stätte hin. Górtys war eine wichtige Stadt im dorischen Kreta und später römische Provinzhauptstadt. Der Aufstieg wurde durch arabische Eroberer im 8. Jahrhundert gestoppt (siehe S. 28f).

Das Rätsel um Knosós

Die meisten Archäologen sind der Ansicht, dass die Ruinen von Knosós einst ein königlicher Palast waren, der das Zentrum des größten Imperiums in der Ägäis bildete. Eine kleine Minderheit glaubt dagegen, Knosós sei eine gigantische Totenstadt gewesen, in der, ähnlich wie bei den alten Ägyptern, Könige und Würdenträger bestattet wurden.

⑧ Kazantzákis-Museum
Karte L4 ▪ Dorfplatz Myrtiá
▪ +30 28107 41689 ▪ Apr – Okt: tägl. 9 –
17 Uhr; Nov – März: Mo – Fr & So 10 –
15 Uhr ▪ Eintritt ▪ www.kazantzaki.gr

Der kretische Schriftsteller Níkos
Kazantzákis (1883 – 1957) wurde
durch seinen Roman *Alexis Sorbas*
berühmt. In der Verfilmung von 1964
übernahm Anthony Quinn die Haupt-
rolle. Kazantzákis' Vater stammte
aus Myrtiá. Das kleine Museum im
Haus der Familie zeigt Manuskripte,
Tagebücher, Fotos und andere Erin-
nerungsstücke *(siehe auch S. 52)*.

Ausstellung im Kazantzákis-Museum

⑨ Idi (Psiloreítis)
Karte H4

Mit 2456 Metern ist der Idi (auch
Ida oder Psiloreítis genannt) Kretas
höchster Berg. Von der mit dem
Auto erreichbaren Nída-Hochebene
können fitte Wanderer mit geeig-
netem Schuhwerk den Weg hinauf
wagen. Auf- und Abstieg dauern
sieben bis acht Stunden *(siehe S. 33)*.

⑩ Weingut Boutári
Karte L4 ▪ Skaláni ▪ +30 28107
31617 ▪ Mai – Okt: tägl. 10 –18 Uhr;
Nov – Apr: nach Vereinbarung ▪ Eintritt
▪ www.boutari.gr

In der Nähe von Archánes, auf dem
Gut Fantaxométocho in Skaláni,
stellt einer der führenden Weinproduzenten Griechenlands mit
hochmoderner audiovisueller Technik Kretas Landschaften, seine Geschichte und das tägliche Leben der
Kreter vor. Man erfährt Details über
das Weingut, über Rebsorten und die
Boutári-Weine. Im Laden kann man
die Weine probieren und kaufen.

Spaziergang durch Iráklio

▶ Gehen Sie durch die **Kainoúrgia
Pórta**. Der verzierte Bogengang
war einst das Haupttor durch
die Stadtmauer – die Venezianer
befestigten Iráklio gegen die
Osmanen. Folgen Sie der nach
Arthur Evans benannten Straße
zur **Plateía Kornárou** mit dem
sechsseitigen Steingebäude –
ursprünglich ein **Pumpenhaus**,
heute ein Café. Daneben steht
der venezianische **Bembo-Brun-
nen** mit dem Marmortorso einer
römischen Statue.

Die Marktstraße **Odós 1866** *(siehe
S. 79)* führt nördlich vom Brunnen
weg. Die Stände bieten frisches
Obst, Oliven und Nüsse an. Gehen
Sie über die **Plateía Nikifórou
Foká** zur von Cafés gesäumten
Plateía Venizélou mit dem **Morosini-Brunnen** *(siehe S. 16)* – vier
Löwen tragen das obere Becken.
Von der Plateía Venizélou führt
die Straße 25 Augoústou vorbei an
der **Loggia** *(siehe S. 16)*, dem venezi-
schen Rathaus. Rechts daneben
steht **Agios Títos** *(siehe S. 17)*. Die
einst byzantinische Kirche wurde
von den Venezianern neu aufge-
baut, von den Osmanen zur Moschee umfunktioniert und 1925
in eine orthodoxe Kirche konvertiert. Zu den Reliquien gehört der
Schädel des heiligen Titus.

Folgen Sie die 25 Augoústou zum
Hafen und dann dem Damm zur
venezianischen Festung *(siehe
S. 92)*. Von hier können Sie west-
wärts die Promenade entlang
zum **Historischen Museum von
Kreta** gehen oder sich zum **Archäologischen Museum Iráklio**
(siehe S. 18f & S. 48) im Ostteil
◼ der Stadt begeben.

Siehe Karte S. 88f ←

Dies & Das

(1) Museum für kretische Volkskunde, Vóroi

Das Museum widmet sich dem Alltag der Landbevölkerung in der Vergangenheit *(siehe S. 51).*

(2) Palast von Mália

Drei Kilometer östlich des Badeorts Mália liegen die Ruinen eines minoischen Palasts (16. Jh. v. Chr.), der einst fantastische Schätze barg *(siehe S. 42).*

Relikte des Palasts von Mália

(3) Gioúchtas
Karte K4

Auf dem Berg Gioúchtas südlich von Archánes wurde laut griechischer Mythologie Zeus begraben. Die Reste eines minoischen Heiligtums befinden sich unterhalb des Gipfels. Der Berg ist ein Schutzgebiet für Adler, Geier und andere Raubvögel.

(4) Minoische Villen, Týlisos
Karte K4 ■ +30 28108 31498 ■ Mi – Mo 8.30 – 15.30 Uhr ■ Eintritt ■ http://odysseus.culture.gr

Týlisos war bereits vor mehr als 4000 Jahren bewohnt. Man fand bei Ausgrabungen die Reste von drei großen minoischen Villen.

(5) Archäologische Sammlung Archánes

Das Museum zeigt Funde aus den Ausgrabungsstätten nahe Archánes, u. a. minoische Särge, Tonscherben

und einen zeremoniellen, möglicherweise für Menschenopfer genutzten Dolch *(siehe S. 48).*

(6) Agios Michaíl Archángelos, Asómatos
Karte K4

Der Erzengel Michael, der Befehlshaber *(taxíarchos)* der himmlischen Heerscharen, ist auf den Fresken in der Kirche von Asómatos (14. Jh.) in Rüstung mit dem Schwert in der Hand neben anderen Heiligen dargestellt.

(7) Moní Koudoumá
Karte K6 ■ tägl. Sonnenaufgang bis Sonnenuntergang ■ Spende

Die Mönche leben abgeschieden in diesem kleinen Kloster an einem Kiesstrand. Vom Dorf Stérnes führt eine staubige Piste zum Kloster.

(8) Minoische Villa, Vathýpetro
Karte K4 ■ +30 28107 52712 ■ Mi – Mo 8.30 – 15.30 Uhr ■ http://odysseus. culture.gr

Vathýpetro war vermutlich das Gut eines minoischen Landbesitzers. Es wurden Reste eines alten Weinguts entdeckt – die umliegenden Weingärten dürften demnach mehrere Tausend Jahre alt sein.

(9) Kofinás
Karte K6

Der Kofinás ist nicht sehr hoch, der Aufstieg von Kapetanianá aus ist jedoch anspruchsvoll. Vom Gipfel hat man einen schönen Blick auf den Idi und die Südküste *(siehe S. 65).*

(10) Venezianische Festung (Koulés), Iráklio
Karte U1 ■ Venezianischer Hafen ■ Eintritt

Die von den Venezianern zum Schutz des Hafens von Iráklio erbaute Festung wurde 2016 nach einer Restaurierung wiedereröffnet. Vom Dach genießt man einen grandiosen Blick auf die Stadt *(siehe S. 16).*

Siehe Karte S. 88f

Strände

① Mália
Karte M4

Entlang der Küstenstraße von Mália erstrecken sich Bars, Clubs, Läden, Hotels und Apartments. Der wunderbare Sandstrand ist im Juli und August voller Liegestühle und Sonnenschirme.

② Chersónisos
Karte M3

Der große Küstenort wird bald mit den Nachbarn Stalída und Mália verschmelzen. Der östliche Strand ist hervorragend. Es gibt einige exzellente Bars und Restaurants.

③ Mátala
Karte G6

Die sandigen Buchten von Mátala lockten in den 1960er Jahren Hippies an. 1970 schrieb Joni Mitchell in Mátala ihr Lied *Carey*. In den 1980er Jahren wurde aus dem Dorf ein kleiner Ferienort.

④ Balí
Karte H3

Der Badeort erstreckt sich über drei geschützte Buchten.

⑤ Agía Galíni
Karte G5

Das ehemalige Fischerdorf, heute ein Badeort, liegt in einer sichelförmigen Bucht, wo ein von Schilf gesäumter Fluss ins Meer mündet. Der Strand sollte im Rahmen eines Tagesausflugs besucht werden.

⑥ Dytikó (Léndas)
Karte J6

Einer der längsten Strände an der Südküste Zentralkretas ist bei FKK-Anhängern beliebt.

⑦ Káto Goúves
Karte L3

An dem langen Sand- und Kiesstrand wurden viele Hotels errichtet. Dennoch ist er einer der besseren Strände in der Nähe von Iráklio.

⑧ Kaloí Liménes
Karte H6

Die abgeschiedenen, ruhigen kleinen Strände, Buchten und Klippen wären perfekt, würde die Idylle nicht von den riesigen Öltanks auf der kleinen vorgelagerten Insel gestört.

⑨ Iráklio
Karte K3

Wer in der Hauptstadt ein wenig Abkühlung benötigt: Der Stadtstrand von Amnisós ist täglich von 9 bis 19 Uhr geöffnet. Der Eintrittspreis ist niedrig.

⑩ Pánormos
Karte G3

Pánormos, einer der wenigen touristisch kaum erschlossenen Orte an Zentralkretas Nordküste, bietet einen kleinen Sandstrand neben einem winzigen Fischerhafen sowie einige Lokale.

Türkisfarbenes Meer bei Agía Galíni

Aktivitäten im Freien

Besucher in der Diktäischen Höhle

5 Sailing Trips Crete
Karte T1 ▪ Venezianischer Hafen, Iráklio ▪ www.sailingtrips.gr
Zweimal täglich starten in Iráklio Halbtagestouren auf einem Segelboot für bis zu acht Personen zur Insel Día *(siehe S. 85)*. Dort hat man Zeit zum Schnorcheln, Angeln und Mittagessen.

6 Eurodiving
Karte K3 ▪ Lygariá, Agía Pelagía ▪ www.eurodiving.net
Bei Eurodiving kann man PADI-Tauchkurse belegen, Tauchausflüge buchen und Ausrüstung leihen. Rund 25 Tauchreviere sind in der Nähe, u. a. Höhlen und Riffe.

1 Hiking Crete
Karte M4 ▪ Mália ▪ www.hiking-crete.com
Die Halbtagestouren führen Wanderer in das Inselinnere, etwa in die Róza-Schlucht, auf die Katharón-Hochebene oder auf dem Minoischen Pfad zur Diktäischen Höhle.

7 Heraklion Diving Center
Karte K3 & M3 ▪ Efódou 25, Iráklio & Agíou Georgíou 10, Chersónisos ▪ www.heraklion-diving.com
Seit 1977 geben Tauchlehrer des Zentrums Kurse für alle Leistungsstufen. Die Hauptreviere, ein deutsches Flugzeugwrack und das Amphoren-Riff, liegen in der Nähe von Chersónisos.

2 Cycling Creta
Karte M4 ▪ Anissarás, Chersónisos ▪ www.cyclingcreta.gr
Der Anbieter organisiert Mountainbiketouren in verschiedenen Schwierigkeitsgraden. Verpflegung sowie Bring- und Abholservice aus Iráklio, Goúves, Stalída und Chersónisos sind inbegriffen.

8 Greentour
Karte H4 ▪ www.greentour.gr
Die geführte Tour »Kreta von oben« auf den Idi *(siehe S. 91)* ist eine von zwei Tagesausflügen des Veranstalters. Das Mittagessen in einer Schäferhütte ist im Preis enthalten.

3 Enjoy-Crete
Karte K3 ▪ Iráklio ▪ www.enjoy-crete.com
Das Angebot umfasst Tagesausflüge und mehrtägige Touren in Seekajaks für eine oder zwei Personen inklusive Einweisung sowie Wanderungen in mehreren Schwierigkeitsgraden.

9 The Hub MTB Adventures
Karte M4 ▪ Mália ▪ www.mtbhub.gr
Die Mountainbiketouren führen auf zwölf Offroadstrecken, darunter auch Singletrails, durch das Hinterland von Kreta.

4 Scubakreta
Karte M3 ▪ Chersónisos ▪ www.scubakreta.gr
Die sehr gut ausgestattete PADI-Tauchschule in Chersónisos organisiert Tauchausflüge an der Küste und im offenen Meer.

10 Stay Wet Diving Center
Karte K3 ▪ Mononaftis, Agía Pelagía ▪ www.staywet.gr
Diese PADI-Tauchbasis hat den großen Vorteil, dass man keine langen Bootsfahrten in Kauf nehmen muss. Hier taucht man in Strandnähe.

Weingüter

① Douloufákis
Karte K4 ▪ Dafnés, 18 km südl. von Iráklio ▪ www.douloufakis.wine/de
Das Gut mit prächtigen Weingärten und Olivenhainen stellt seit 1930 preisgekrönte Weine her. Es bietet Führungen und Verkostungen an.

② Zacharioudákis
Karte J5 ▪ Ploúti, 48 km südwestl. von Iráklio ▪ www.zachariou dakis.com
Das moderne Weingut in einer Hügellandschaft nahe Górtys und der Südküste produziert Biowein und heißt Besucher zu Führungen und Verkostungen willkommen.

Raum zur Verkostung der Boutári-Weine

③ Boutári
Nach der Tour über das kretische Gut des griechischen Weinproduzenten beleuchtet ein Kurzfilm die Weinherstellung. Zum Schluss gibt es eine Verkostung (siehe S. 91).

④ Daskalákis
Karte K4 ▪ Síva, 17 km südl. von Iráklio ▪ www.silvawines.gr
Der Familienbetrieb in der Nähe von Dafnés existiert seit 1890. Alle Weine tragen ein Biosiegel. Der Sauvignon Blanc ist besonders gut. Es werden Touren und Weinproben angeboten.

⑤ Idaía
Karte K4 ▪ Veneráto, 18 km südl. von Iráklio ▪ www.idaiawine.gr
Das Weingut produziert vergleichsweise geringe Mengen, legt dabei aber besonderen Wert auf Qualität. Sehr zu empfehlen sind der preisgekrönte samtige Rotwein Ocean Red, der trockene Weißwein Vidiano und der Rosé Grenache Rouge.

⑥ Lyrarákis
Karte L4 ▪ Alágni, 18 km südl. von Iráklio ▪ www.lyrarakis.com
Das Weingut von 1966 ist eines der wenigen, die noch die alten kretischen Rebsorten Dafní und Plytó anbauen. Die Führungen sind informativ. Bei der Verkostung werden herzhafte Snacks gereicht.

⑦ Paterianákis
Karte L4 ▪ Alágni, 18 km südl. von Iráklio ▪ www.paterianakis.gr
Während der Verkostung blickt man vom Hügel herab auf die umliegenden Weingärten. Das Weingut verweist mit Stolz auf sein komplett in Bioqualität hergestelltes Sortiment.

⑧ Mínos Miliarákis
Karte L4 ▪ Pezá, 17 km südl. von Iráklio ▪ www.minoswines.gr
Seit den Anfängen im Jahr 1932 wurde aus Mínos Miliarákis ein Großproduzent für Wein aus heimischen und eingeführten Rebsorten. Es gibt auch ein kleines Museum und Räume für Weinproben.

⑨ Stilianoú
Karte L4 ▪ Kounávoi, 12 km südl. von Iráklio ▪ www.stilianouwines.gr
Das in einer Bergregion beheimatete Weingut stellt Biowein in begrenzter Menge her. Jede Flasche erhält eine individuelle Nummer. Das ganze Jahr hindurch werden Verkostungen angeboten.

⑩ Strataridákis
Karte L5 ▪ Arkalochóri, 33 km südöstl. von Iráklio ▪ www.strataridakis.gr
Das Weingut existiert seit 1955. Es wird heute von zwei Brüdern geleitet. Derzeit werden auf dem Gut acht verschiedene Weine hergestellt.

Siehe Karte S. 88f

Bars & Cafés

Tische und ein Fontänenbrunnen vor dem Café Mare in Iráklio

① Mare, Iráklio
Karte S1 ▪ Sofoklí Venizélou
▪ +30 28102 41946
Tagsüber serviert das Café am Meer
Kaffee und Snacks, zum Sonnen-
untergang genießt man Cocktails.

② The Bitters Bar, Iráklio
Karte T2 ▪ Idis 25 ▪ +30 69810
33702
In der Bar in der Nähe des Morosini-
Brunnens kann man nicht nur den
Morgenkaffee genießen, auch die
Cocktails sind ausgezeichnet.

③ Kirkor, Iráklio
Karte T2 ▪ Plateía Venizélou 31
▪ +30 28102 42705
Mit Kaffee, einer süß gefüllten *bougátsa* und Blick auf den Morosini-
Brunnen beginnt der Tag auf kretische Art *(siehe S. 76f)*.

④ Pagopoieion, Iráklio
Karte T2 ▪ Plateía Agíou Títou
▪ +30 28102 21294
Die Bistro-Bar befindet sich in einer
ehemaligen Eisfabrik. Sie bietet gelegentlich Livemusik.

**⑤ New York Beach Club,
Chersónisos**
Karte M3 ▪ +30 28970 23415
Die Strandbar am Hafeneingang
serviert tagsüber Frühstück, Snacks
und kalte Getränke. Abends wird sie
zur lebhaften Musikbar *(siehe S. 77)*.

⑥ Epta Mpaltades, Iráklio
Karte T2 ▪ Idomenéos 10a
▪ +30 28140 09422
In dem umgebauten mittelalterlichen Haus genießt man Grillgerichte, Eintöpfe und Vorspeisen
wie *askordoulákoi* (eingelegte
Hyazinthenzwiebeln).

**⑦ Almyra Seaside,
Agía Pelagía**
Karte K3 ▪ am Strand ▪ +30 28108
11388 ▪ www.almyracrete.gr
Die Bar bietet mediterrane Küche
und Cocktails. Sie verleiht auch
Liegestühle und Sonnenschirme.

⑧ Port Side, Mátala
Karte G6 ▪ am Strand
▪ +30 69459 83886
Die Cafébar serviert Snacks und
Getränke mit und ohne Alkohol.
Freitagabends legt oft ein DJ auf.

⑨ Dish Bar, Iráklio
Karte T2 ▪ Papagiamalí 3
▪ +30 28102 227118 ▪ www.dishbar.gr
Die Musikbar in einem klassizisti-
schen Gebäude neben der Kirche
ist bis frühmorgens geöffnet.

**⑩ Ouzeri tou Terzaki,
Iráklio**
Karte T1 ▪ I. Marinéli 17 ▪ +30 28102
21444
Die nette Taverne bietet eine gute
Auswahl an Gerichten *(siehe S. 76)*.

Restaurants

Preiskategorien
Preis für ein Drei-Gänge-Menü pro
Person inkl. einer halben Flasche Wein,
inkl. Steuern und Service.

€ unter 25 € ■ €€ 25 – 40 € ■ €€€ über 40 €

① Ippokampos, Iráklio
Karte S1 ■ Sofoklí Venizélou 3
■ +30 28102 80240 ■ €

Das bodenständige Seafood-Lokal
besitzt eine schöne Terrasse mit
Blick auf die Hafenpromenade. Be-
stellen Sie z. B. gegrillte Sardinen,
frittierte Tintenfischringe, einen
Salat und eine Karaffe Weißwein –
alles lecker und gar nicht teuer.

② Erganos, Iráklio
Karte K3 ■ Georgiádou 5
■ +30 28102 85629 ■ €

In geselligem Ambiente genießt man
traditionelle Küche, u. a. Schnecken,
Lammleber und Kalbsbries mit gegrillten Pilzen.

③ Kyriakos, Iráklio
Karte K3 ■ Dimokratías 53
■ +30 28102 22464 ■ €

In der holzgetäfelten Taverne werden die Gäste in die Küche gebeten.
Dort darf man die Töpfe und Schüsseln begutachten und daraus u. a.
Fisch, Koteletts und Gemüse für
seine Mahlzeit auswählen.

④ Ntore, Iráklio
Karte T3 ■ Plateía Eleftherías 8
■ +30 28160 07996 ■ €€

Das Restaurant am Hauptplatz von
Iráklio bietet gehobene Küche mit
kretischen Seafood-Gerichten, Gemüse aus regionalem Anbau und
einer guten Käse-Auswahl.

⑤ 7 Thalasses, Iráklio
Karte K3 ■ Ecke Irakleítou &
Irodótou, Néa Alikarnassós ■ +30
28103 42945 ■ www.7thalases.gr ■ €€

Wer Lust auf frischen Fisch, einen
Salat und eine Flasche Weißwein
hat, ist in dem Lokal im Osten der
Stadt (in Flughafennähe) goldrichtig.

⑥ Arodamos, Anógeia
Karte H4 ■ Oberdorf
■ +30 28340 31100 ■ €

Die gastfreundliche moderne Dorftaverne serviert gegrilltes Lamm,
lokale Spezialitäten und Ziegenkäse.

⑦ El Greco, Léndas
Karte J6 ■ am Strand ■ +30
28920 95322 ■ www.lentas-elgreco.
com ■ €€

Zum Blick aufs Meer gibt es traditionelle Gerichte aus regionalen Zutaten und exzellente Weine. Reservie-
rung ist erforderlich (siehe S. 74).

⑧ Elia, Zarós
Karte J5 ■ 1,5 km außerhalb
von Zarós ■ +30 8940 31238 ■ www.
eleonas.gr ■ €€

Das Restaurant im Eleonas Country
Village bietet kretische Küche in
rustikalem Ambiente.

Terrasse des Restaurants Elia

**⑨ Mourelo Cretan,
Ammoudára**
Karte K3 ■ Ikaros Suites, Diós
■ +30 69322 72841 ■ €

Das moderne Restaurant bietet
neben traditionellen kretischen
Gerichten mediterrane Fusionsküche (siehe S. 75).

⑩ Alekos, Vóroi
Karte H5 ■ an der Kirche
Agía Pelagía ■ +30 28920 91094

Der Inhaber dieser Taverne mit
herrlichem Innenhof lebte eine Zeit
lang in Belgien.

Siehe Karte S. 88f

TOP10 Westkreta

Fortétza in Réthymno

Ein großer Teil von Westkreta wird von den oft bis Juni schneebedeckten »Weißen Bergen« (Lefká Ori) dominiert. Mit ihren spektakulären Schluchten reichen sie bis ans Mittelmeer an Kretas Südküste. Sie bildeten für Jahrhunderte das Zentrum des kretischen Widerstands gegen Eindringlinge. Die entlegenen Dörfer waren zum Teil bis weit ins 20. Jahrhundert nur zu Fuß erreichbar, folglich konnten Traditionen hier lange überleben. In Westkreta liegen die beiden attraktiven Städte Réthymno und Chaniá sowie einige der besten Sand- und Kiesstrände.

Vorhergehende Doppelseite Diktäische Höhle, in der Mythologie Zeus' Geburtsort

Felsige Küste bei Soúgia

① **Soúgia**
Karte C4

Soúgia ist der perfekte Ort für Ruhe und Entspannung. Der Fremdenverkehr ist kaum entwickelt, es gibt nur wenige Pensionen, Tavernen und Cafés. Der städtische Kiesstrand ist lang, das Wasser glasklar. Nach einem etwa einstündigen Spazier-

gang erreicht man die Ruinen des alten Stadtstaats Lissós, u. a. einen Tempel für Asklepios, den Gott der Heilkunst, mit einem Mosaikboden aus dem 3. Jahrhundert v. Chr.

② **Réthymno**
Réthymno ist die drittgrößte und gleichzeitig die attraktivste Stadt auf Kreta. Der Hafen wird von einer großen venezianischen Festung (Fortétza) bewacht, an den Straßen stehen alte venezianische Häuser und es gibt an einem Sandstrand eine Promenade mit Palmen. Dank weiterer naher Strände ist aus Réthymno ein lebendiger Ferienort geworden – mit Hotels östlich des Zentrums sowie vielen Läden, Restaurants, Bars und Cafés. Den Straßenmarkt donnerstag- und samstagmorgens sollte man unbedingt besuchen *(siehe S. 26f)*.

① TOP**10**-Attraktionen
siehe S. 101–103

① **Restaurants**
siehe S. 109

① **Bars & Cafés**
siehe S. 108

① **Dies & Das**
siehe S. 104

① **Strände**
siehe S. 105

① **Keramikwerkstätten**
siehe S. 106

① **Shopping**
siehe S. 107

3 Chaniá

Die zweitgrößte Stadt Kretas wurde an einem Naturhafen errichtet und im Lauf der Jahrtausende von Minoern, Römern, Byzantinern, Sarazenen, Venezianern und Osmanen bewohnt. In den engen Gassen der Altstadt befinden sich zahlreiche Bars, Lokale, Läden und Museen. Chaniá liegt vor der spektakulären Kulisse der Lefká Ori (»Weißen Berge«), die sich steil in der Nähe der Küste erheben und deren Ausläufer den ganzen südlichen Horizont prägen *(siehe S. 20f)*.

Moschee im Hafen von Chaniá

4 Samariá-Schlucht

Die nach der kleinen venezianischen Kirche Osía María benannte Schlucht, der wohl beeindruckendste Naturschauplatz Kretas, durchschneidet die Lefká Ori von der Omalós-Hochebene bis zum Mittelmeer. Sie ist an ihrer engsten Stelle nur wenige Meter breit. Die Schlucht gehört zum Samariá-Nationalpark, der seltene Vögel, Pflanzen und Säugetiere beheimatet *(siehe S. 30f)*.

5 Frangokástello

Die »Burg der Franken« wurde in Wahrheit von den Venezianern erbaut, um die Küste vor Piratenangriffen zu schützen *(siehe S. 46)*. Sie war namensgebend für die kleine Ortschaft. Um Frangokástello erstrecken sich lange Sandstrände. Als Unterkünfte sind kleine Pensionen und Apartments vorhanden. Besucher können in den wenigen Restaurants und Cafés u. a. frischen Fisch aus heimischen Gewässern probieren.

6 Palaióchora
Karte B4

Palaióchora liegt auf einer Halbinsel zwischen einer langen Sandbucht im Nordwesten und einem noch längeren Kiesstrand im Südosten. Auf einem nahen Kap stehen die Ruinen einer venezianischen Festung: Die zum Schutz von Hafen und Küste erbaute Burg Selínou verfiel nach der osmanischen Eroberung. Palaióchora ist einer der ruhigeren Küstenorte auf Kreta mit familiärer Atmosphäre und dezentem Nachtleben.

7 Plakiás
Karte F4

Die schönen Strände von Plakiás wurden von den Reiseveranstaltern erst Ende der 1980er Jahre entdeckt. Seit damals wurde aus der Fischersiedlung eine Ansammlung von Hotels, Apartments, Läden und Restaurants. Plakiás bietet eine attraktive Landschaft, einen langen Kiesstrand, weitere Strände in der Nähe sowie palmengesäumte Buchten, die alle zu Fuß erreichbar sind.

8 Loutró
Karte D4

Das von Klippen eingerahmte Loutró ist einer der malerischsten Orte auf Kreta und ideal für einen entspannten Urlaub. An dem kleinen mondsichelförmigen Kiesstrand stehen weiß getünchte Pensionen und Apartments. Der Ort ist nur zu Fuß über einen nicht ungefährlichen Pfad oder mit dem Boot ab Chóra Sfakíon erreichbar.

Land der Gewalt

In der Sfakiá-Region galten über Generationen hinweg eigene Gesetze; Familienfehden waren an der Tagesordnung. Ein gewisser Wohlstand und moderne Kommunikationseinrichtungen haben die Region etwas befriedet, doch einige haben noch immer Schusswaffen im Haus versteckt – in den abgelegenen Gegenden werden Straßenschilder offensichtlich als Zielscheiben missbraucht.

⑨ Georgioúpoli
Karte E3

Die erst vor gut 100 Jahren gegründete und nach Prinz Georg, dem damaligen Gouverneur von Kreta, benannte Stadt ist heute ein Ferienort mit Strandhotels. Die Atmosphäre ist allerdings entspannter als in den Hochburgen Mália und Chersónisos. Der Stadtplatz im Zentrum liegt im Schatten von Eukalypten. In der Nähe mündet ein Fluss ins Meer.

⑩ Kastélli Kissámou
Karte B2

Die westlichste Stadt auf Kreta – der offizielle Name lautet Kíssamos – liegt an einer Bucht zwischen den Halbinseln Rodopoú und Gramvoúsa. In der Umgebung befinden sich einige wenig besuchte antike und mittelalterliche Stätten, u. a. die Ruinen von Polyrrinía (siehe S. 47), sowie ein hervorragendes archäologisches Museum (siehe S. 48). Es gibt schöne Strände an beiden Seiten der Stadt.

Weiß getünchte Häuser in Loutró

Spaziergang durch Réthymno

 Die **Pórta Guora** (siehe S. 27) – der einzige intakte Teil der venezianischen Stadtmauer – führt von der **Plateía Tessáron Martýron** in die Altstadt. Gehen Sie hindurch und nach Norden die **Odós Ethnikís Antistáseos** mit Marktständen, Läden und Cafés entlang. Hier können Sie Kräuter, Honig und Olivenöl kaufen. Die Straße endet an der **Neratzés-Moschee** (siehe S. 26) – das Minarett ist weithin sichtbar. Am verzierten Nordportal sieht man, dass dies einst eine venezianische Kirche war.

Gehen Sie links die Odós Vernádou entlang bis zum **Museum für Geschichte & Volkskunst** (siehe S. 50), das Textilien und Trachten präsentiert. Biegen Sie rechts in die Odós Epimenídou, dann erneut rechts in die Odós Arambatzóglou ein. Sie führt zur Plateía Títou Petycháki mit dem **Rimóndi-Brunnen** (siehe S. 27), der 1626 zur Trinkwasserversorgung der Stadt errichtet wurde. In der Nähe erinnert die elegante **Loggia** (siehe S. 27) aus dem 16. Jahrhundert an die venezianische Herrschaft.

Die Odós Mesologíou führt vorbei an der katholischen **Kirche des hl. Antonius von Padua** zur Odós Cheimárras und zum **Archäologischen Museum** (siehe S. 49) mit neolithischen, minoischen und römischen Funden. Über die Odós Katecháki geht es zur **Fortétza** (siehe S. 26). Die Festung wurde 1573 von den Venezianern erbaut, um die Osmanen abzuwehren – letztlich erfolglos. Ein Seafood-Lunch in einer Taverne am **venezianischen Hafen** beendet den Spaziergang.

Siehe Karte S. 100f ←

Dies & Das

(1) Moní Agía Eiríni
Karte F3 ▪ +30 28310 27791
▪ tägl. 9–20 Uhr
Das Nonnenkloster (14. Jh.) ist ein
Zentrum für traditionelle Web- und
Handarbeiten.

(2) Halbinsel Akrotíri
Karte D2
Auf Akrotíri stehen das verlassene
Kloster Moní Katholikoú und das
venezianische Kloster Moní Agías
Triádas ton Tzagkarólon *(siehe S. 45)*.

(3) Chóra Sfakíon
Karte D4
Chóra Sfakíon bevölkern Wanderer,
die nach der Durchquerung der Samariá-Schlucht mit Booten eintreffen. Nach Abfahrt der Reisegruppen
kehrt in dem Ort wieder Ruhe ein.

(4) Archaía Elefthérna
Karte G3
Die 700 v. Chr. gegründete Stadt er-
lebte den Höhepunkt ihrer Macht in
der Zeit der dorischen Wanderung.
Die Stätte ist für Besucher wegen
Ausgrabungsarbeiten geschlossen.

(5) Aptera
Karte D2 ▪ +30 28250 33425
▪ Mi–Mo 8.30–15.30 Uhr ▪ Eintritt
▪ http://odysseus.culture.gr
Die archäologische Stätte umfasst
Relikte von römischen Zisternen,
byzantinischen Fundamenten, einem
venezianischen Kloster und einer
osmanischen Festung.

(6) Anógeia
Karte H4
Cafés und Läden verschleiern die
Kriegsgeschichte des Orts, in dem
man den Osmanen und später den
Deutschen Widerstand leistete.

(7) Soúda Bay War Cemetery
Karte D2
Auf dem Friedhof wurden mehr
als 1500 Commonwealth-Soldaten
bestattet, die im Mai 1941 in der
Schlacht um Kreta fielen.

(8) Moní Arkadíou
Das Kloster aus dem 16. Jahrhundert, ein Nationaldenkmal Kretas,
vereint barocke und traditionelle kretische Architektur. Auf dem Gelände
steht auch eine venezianische Kirche
(siehe S. 36f).

(9) Polyrrinía
Auf den zerstörten Mauern und
Fundamenten einer antiken Akropolis
stehen die Ruinen einer venezianischen Festung *(siehe S. 47)*.

**(10) Schifffahrtsmuseum
von Kreta**
Karte A5 ▪ Aktí Kountourióti, Chaniá
▪ +30 28210 91875 ▪ Mo–Sa 9–17 Uhr
(Nov–Apr: bis 15.40 Uhr) ▪ Eintritt
▪ www.mar-mus-crete.gr
Im Firkás beleuchten u. a. Modelle
und Navigationsinstrumente Kretas
Beziehung zur Seefahrt *(siehe S. 21)*.

Schifffahrtsmuseum von Kreta

Strände

① Bálos
Karte B2

Der blassrosa Sandstrand liegt an einer seichten türkisfarbenen Lagune. Die meisten Besucher kommen im Rahmen einer Bootstour hierher. Für die Schlaglochpiste ab Kalyvianí ist ein Geländefahrzeug erforderlich.

Strand an der Bucht von Bálos

② Plataniás
Karte C2

Das Dorf bietet den schönsten Strand in der Nähe von Chaniá sowie viele Restaurants, Cafés, Bars und Clubs.

③ Falásarna
Karte A2

Der lange goldene Sandstrand gehört zu den besten an der Westküste von Kreta. In der Stadt gibt es zahlreiche Tavernen und Übernachtungsmöglichkeiten – nur nicht am nördlichen Ende, wo sich die Ausgrabungsstätte befindet.

④ Stavrós
Karte D2

Stavrós ist eine attraktive Alternative für alle, die sich nach Ruhe und Beschaulichkeit sehnen. Die Bucht an der Halbinsel Akrotíri diente als Kulisse für den Film *Alexis Sorbas*.

⑤ Glyká Nerá (»Süßwasserstrand«)
Karte D4

Der kleine, bei FKK-Anhängern beliebte Kies- und Sandstrand erhielt seinen Namen wegen der vielen Trinkwasserquellen. Er ist nur per Klettertour durch die Klippen (Teil des Fernwanderwegs E4) oder mit dem Boot von Loutró oder Chóra Sfakíon aus erreichbar.

⑥ Elafonísi
Karte A4

Der weiße Sandstrand gegenüber der Insel Elafonísi an der Westküste ist einer der besten Kretas und deshalb oft überfüllt. Das flache, türkisfarbene Wasser wird im Sommer schnell warm.

⑦ Soúgia
Karte C4

An Soúgias Strand sorgen Tamarisken für ein wenig Schatten. Am östlichen Ende besteht nicht nur die Möglichkeit, nackt zu baden, sondern auch wild zu campen – eine Seltenheit an Kretas Stränden.

⑧ Agios Pávlos
Karte F5

Agios Pávlos ist ein beliebtes Tagesausflugsziel ab Agía Galíni. Attraktiver als die Bucht ist der Sandstrand hinter der Sanddüne im Westen.

⑨ Préveli (Fínikas)
Karte F5

Der Kourtaliótis mündet beim Moní Préveli ins Meer. Der grüne Fluss, das blaue Meer, Kretische Dattelpalmen und »griechischer Bambus« (Schilfrohr) bilden eine Art Oase.

⑩ Damnóni
Karte F4

Der goldene Sandstrand ist durch zahlreiche neue Hotels etwas verbaut worden. Östlich davon liegen die beiden bei FKK-Anhängern beliebten Sandbuchten Ammoudáki und Mikró Ammoudáki.

Siehe Karte S. 100f

Keramikwerkstätten

Keramikprodukte im Tetraktís Studio

(1) Tetraktís Studio
Karte D2 ■ Verékynthos 6,
Soúda ■ www.tetraktisceramics.gr
Ioánnis Vlavogilákis fertigt Brett-
und Legespiele wie Dame und
Domino sowie Fliesen und ver-
schiedene Trommeln.

(2) Oúrios Ceramics
Karte C5 ■ Theotoko-
poúlou 4, Chaniá ■ www.
ouriosceramics.gr
Bábis Magdalinós lässt sich
bei der Verzierung seiner
Dekorationsartikel von
griechischer Volkskunst
beeinflussen.

**(3) Flakátoras
Ceramics**
Karte B5 ■ Zampelíou 19,
Chaniá ■ +30 6980 909010
Der Familienbetrieb produziert und
verkauft von Hand bemalte Tassen,
Teller und Fliesen sowie farbenfrohe
Dekorationsobjekte, darunter Pin-
guine, Fische und Schnecken.

(4) Michális Laventzákis
Karte B6 ■ Skrydlóf 38, Chaniá
■ www.laventzakisceramics.gr
Die in dem Familienbetrieb gefertig-
ten Teekannen, Tassen, Schüsseln
und Teller sind zweckmäßig, mit
Motiven der griechischen Volkskunst
verziert und in 16 Farben erhältlich.

(5) Apostolákis
Karte C2 ■ Máleme, 16 km westl.
von Chaniá ■ +30 28210 62438
Aus Kóstas Apostolákis' Werkstatt
kommen Tassen, Schüsseln, Kannen, Vasen und Kerzenhalter in
Orange-, Rot-, Blau- und Grüntönen.

(6) Melody Ceramics
Karte B6 ■ Mpetólo 27, Chaniá
■ +30 69424 32114
Der Werkstattladen bietet u. a. Mo-
dellboote, Seemöwen, Blumen und
Granatäpfel in leuchtenden Farben.

(7) Ceramics Vardaxís
Karte P2 ■ Koronaíou Pánou 31,
Réthymno
Geórgios Vardaxís bemalt seine
Teller, Schüsseln, Vasen und Fliesen
nach alter Familientradition von
Hand. Das Museum für griechische
Volkskunst in Athen besitzt
Werke seines Großvaters.

Figur, Oúrios
Ceramics

(8) Terra Cotta
Karte E3 ■ Kournás
■ www.terra-cotta.gr
Die in zwölf Farben glasierten Teller, Schüsseln, Be-
cher und Krüge, die dieser
Familienbetrieb herstellt,
sind backofen- und spül-
maschinengeeignet.

**(9) Manoúsos
Chalkiadákis**
Karte D3 ■ Paidochóri
■ www.greekceramics.gr
Manoúsos Chalkiadákis öffnet seine
Werkstatt in einem alten renovierten
Haus (18. Jh.) täglich für Besucher.
Er verkauft seine Produkte und gibt
Ein-Tages-Töpferkurse.

(10) ea ceramic studio
Karte G3 ■ Margarítes,
26 km östl. von Réthymno
■ www.eaceramicstudio.com
In Margarítes gibt es schon seit
Jahrhunderten Töpfereien. Ema
und Aris fertigen modern gestaltete
Tassen, Kannen und Schüsseln.

➤ Siehe Karte S. 100f

Shopping

1 **Moní Agías Triádas ton Tzagkarólon**
Karte D2 ▪ Halbinsel Akrotíri
Die Mönche des Tzagkarólon-Klosters *(siehe S. 45)* unweit von Chaniá verkaufen Biowein und hochwertiges Olivenöl aus eigener Produktion.

2 **Athós Workshop**
Karte G3 ▪ Angelianá, 23 km östl. von Réthymno ▪ www.athos workshop.com
Die kleine Firma stellt Olivenölseifen, Kräuterauszüge und Kräutercremes her und verkauft sie im eigenen Laden.

Seife, Athós Workshop

3 **Astrikas Estate Biolea**
Karte B2 ▪ Astrikas ▪ www.biolea.gr
Südwestlich von Kolymvári bietet Biolea Führungen durch die Mühle, eine audiovisuelle Präsentation und Olivenölverkostungen. Es gibt auch Olivenöl mit Zitrusaroma zu kaufen.

4 **Paraschákis Olive Oil**
Karte G3 ▪ Melidóni, 27 km östl. von Réthymno ▪ www.paraschakis.gr
Die Familie Paraschákis erzählt auf Führungen durch ihre Olivenölfabrik die Geschichte der Produktion und verkauft ihre Waren.

5 **Kládos**
Karte G3 ▪ Skepastí, 25 km östl. von Réthymno ▪ www.kladoswinery.gr
Das Gut stellt vier Weine her. Wie und wo, das erfahren Besucher im Rahmen einer Führung inklusive Verkostung. Danach gibt es die Gelegenheit, ein paar Flaschen zu kaufen.

6 **Agreco Farm**
Karte F3 ▪ Adele, 7 km östl. von Réthymno ▪ www.agreco.gr
Der Hofladen verkauft nicht nur Olivenöl aus der eigenen Mühle, sondern auch Kosmetikartikel der hauseigenen Marke Eau de Grece.

7 **Manousákis**
Karte C2 ▪ Vatólakkos, 15 km südwestl. von Chaniá ▪ www.manousakiswinery.com
Das Weingut bietet Führungen und Verkostungen an, auf Wunsch auch mit Mittagessen. Verkauft werden Biowein sowie *tsikoudiá (siehe S. 70)* aus der eigenen Brennerei.

8 **Terra Creta**
Karte C2 ▪ Kolymvári, an der E65, 24 km westl. von Chaniá ▪ www.terracreta.gr
Nach Führungen durch die Olivenölmühle des Großproduzenten folgen eine Verkostung sowie der Verkauf der prämierten Olivenöle und der Balsamessige.

9 **Dourákis**
Karte E3 ▪ Alíkampos ▪ www.dourakiswinery.gr
Die Weinkellerei in der Apokóronos-Region zwischen Réthymno und Chaniá veranstaltet Führungen und Verkostungen der rund ein Dutzend Rot-, Weiß- und Roséweine.

10 **Abea Deli Shop**
Karte A6 ▪ Skalídi 116, Chaniá ▪ www.abea.gr/en/deli-shop
Die Ölmühle Abea ist seit 1889 in Betrieb. Im Shop werden Olivenöl sowie schön verpackte Seifen und Kosmetikartikel auf Basis von Olivenöl verkauft.

Volle Regale im Abea Deli Shop

Bars & Cafés

Musiker unterhalten die Gäste eines Cafés in Palaióchora

(1) Kibar: To Monastiri tou Karolou, Chaniá
Karte B6 ■ Ntaliáni 22
Die Bar im Innenhof eines alten Klosters serviert bis frühmorgens Cocktails. Gelegentlich legen DJs auf. Es gibt auch eine Kunstgalerie.

(2) Synagogi Bar, Chaniá
Karte A5 ■ hinter der Kondyláki am alten Hafen
In der Bar im großen Hof einer venezianischen Ruine, die einst eine Synagoge war, sorgen Ecksofas und leise Musik für Gemütlichkeit.

(3) Fagotto Jazz Bar, Chaniá
Karte A5 ■ Aggélou 16
In Chaniá geht man schon seit 1978 auf einen späten Drink ins Fagotto im Stadtteil Topanás. Gelegentlich gibt es Livejazz. Die Bar öffnet manchmal erst nach 22 Uhr.

(4) Mylos, Plataniás
Karte C2 ■ am Strand
■ www.myloschania.com
Bei der Jugend ist kaum ein Club so angesagt wie das Mylos am Strand, das DJs und Mottopartys bietet.

(5) Garden of Ali Vafi, Réthymno
Karte P3 ■ Tzané Mpounalí 65
In dem Bar-Restaurant in einem bezaubernden Innenhof kann man trinken, essen und Shisha rauchen. Einmal pro Woche spielen Musiker live.

(6) Agios Bar, Palaióchora
Karte B4 ■ Eleftheríou Venizélou 1 ■ www.agiosbar.gr
Die in einem umgestalteten Industriegebäude untergebrachte schicke Cafébar bietet hauseigene Kaffeesorten und Cocktails mit *rakí* an.

(7) Chalikouti, Réthymno
Karte Q2 ■ Katecháki 3 & Melíssou
In dem familienfreundlichen Café unterhalb der venezianischen Festung kann man tagsüber ein leichtes Mittagessen, eine Tasse Kaffee oder ein Glas Wein genießen. Auch abends werden Drinks angeboten.

(8) Meli Melo, Réthymno
Karte Q2 ■ Palaiológou 38
Das Café in der Altstadt bietet köstliche, mit Ziegenmilch hergestellte Eiscreme. Man genießt sie an Tischen am Rimóndi-Brunnen oder in einer Waffel beim Stadtbummel.

(9) Cul de Sac, Réthymno
Karte Q2 ■ Petycháki 7
Im Cul de Sac beim Rimóndi-Brunnen kann man bei Kaffee und Cocktails die Passanten beobachten.

(10) Café Cosmogonia, Palaióchora
Karte B4 ■ Strovlón-Palaióchoras 28
Das Café an der zentralen Straßenkreuzung des Dorfs bietet ab dem späten Abend gute Musik und eine überaus lebhafte Atmosphäre.

Restaurants

Preiskategorien
Preis für ein Drei-Gänge-Menü pro Person mit einer halben Flasche Wein, inkl. Steuern und Service.

€ unter 25 € ■ €€ 25 – 40 € ■ €€€ über 40 €

(1) Portes, Chaniá
Karte D2 ■ Aktí Papanikolí 1
■ +30 28210 76261 ■ €€
Das Restaurant am Hafen serviert Klassiker wie gefüllte Auberginen und Kichererbsensuppe sowie köstlichen Käsekuchen *(siehe S. 72)*.

(2) Veneto, Réthymno
Karte P2 ■ Epimenídou 4
■ +30 28310 56634 ■ €€
Im Gewölbe (14. Jh.) unter dem Hotel Veneto genießt man u. a. Schnecken mit Fenchel, *stamnagáthi* und Artischockenmus sowie *chtapódi krasáto* auf Hummus und karamellisierten Zwiebeln *(siehe S. 73)*.

(3) Avli, Réthymno
Karte P2 ■ Xanthoudídou 22
■ +30 28310 26213 ■ €€€
Kreative Gerichte der kretischen Küche sowie einfache Käseplatten werden an Tischen in einem schönen Innenhof serviert *(siehe S. 72)*.

Tisch im Innenhof des Avli in Réthymno

(4) Tamam, Chaniá
Karte A5 ■ Zampelíou 49
■ +30 28210 96080 ■ €€
Nach Rezepten aus Kreta und dem östlichen Mittelmeerraum werden z. B. frittierter Fenchel oder Kaninchen in Rosmarin-Wein-Sauce zubereitet *(siehe S. 72)*.

(5) Ta Dyo Rou, Réthymno
Karte P2 ■ Koronaíou Pánou 28, Altstadt ■ +30 69365 00892 ■ €
Der Laden für Wein und Lebensmittel serviert auch Spezialitäten wie saftige griechische Fleischbällchen *(siehe S. 72)*.

(6) Tou Zisis, Misíria
Karte F3 ■ Máchis Krítis 63
■ +30 28310 28814 ■ €
An der alten Schnellstraße nach Iráklio, vier Kilometer östlich von Réthymno, gibt es Lamm und Huhn vom Holzkohlengrill *(siehe S. 74)*.

(7) Plateia, Mýrthios
Karte F4 ■ Dorfmitte
■ +30 28320 31560 ■ €
Das Lokal bietet kretische Speisen, freundlichen Service und tollen Blick auf die Bucht *(siehe S. 74)*.

(8) Methexis, Palaióchora
Karte B4 ■ Ostufer ■ +30 28230 41431 ■ €€
In dem Lokal kommen Gerichte wie Lammleberroulade und *askolýmproi* auf den Tisch *(siehe S. 72)*.

(9) Ta Douliana, Douliná
Karte E3 ■ Zentrum Douliná, an der Straße zwischen Kalýves & Vámos ■ +30 28250 23380 ■ Mo geschl. ■ €€
In der hübschen Taverne genießen Gäste kretische Gerichte, die u. a. in einem *xylófournos* (Holzofen) zubereitet werden *(siehe S. 74)*.

(10) Taverna Arxaia Lappa, Argyroúpoli
Karte E4 ■ +30 28310 81004 ■ €€
In der Taverne ist das Fleisch vom Grill besonders gut *(siehe S. 74)*.

Siehe Karte S. 100f

🔟 Ostkreta

Im Osten von Kreta sind die Besucherzahlen wegen der Entfernung zu den Inselflughäfen kleiner. Agios Nikólaos, die größte Stadt der Region, ist dennoch ein blühender Urlaubsort. Kretas teuerste und exklusivste Villen und Hotels findet man bei Eloúnta. Ostkreta bietet auch schöne Strände wie den Palmenstrand bei Vái sowie minoische Ruinen bei Gourniá, Móchlos und Zákros.

Meer vor Eloúnta

① Eloúnta
Karte N4

Eloúnta, mit vielen exklusiven Villen und Hotels, von denen einige Privatstrände haben, ist Kretas teuerster Urlaubsort. Im Dorf selbst umgeben Läden und Restaurants einen kleinen Fischerhafen. Im Sommer fahren Boote zur venezianischen Festungsinsel Spinalónga.

Reste der Festung auf Spinalónga

osmanischen Eroberung Kretas halten – bis 1715. Zu Beginn des 20. Jahrhunderts richtete man auf der Insel eine Leprakolonie ein, deren Gebäude heute zerstört sind.

❸ Ierápetra
Karte N6

Die größte Stadt an Kretas Südostküste ist bis auf die kleine Altstadt relativ uninteressant. Sie bietet jedoch einen langen Sandstrand und europaweit die meisten Sonnenstunden. In der Region werden das ganze Jahr hindurch Tomaten und Gurken angebaut. Ierápetra war eine bedeutende dorische Siedlung (8. Jh. v. Chr.), später der größte Stadtstaat der Insel (2. Jh. v. Chr.) und auch unter den Römern ein wichtiger Seehafen. Die Venezianer errichteten eine Festung, um den Hafen zu verteidigen. Heute ist die Archäologische Sammlung *(siehe S. 49)* die größte Attraktion der Stadt.

❷ Spinalónga
Karte N4

Die Befestigungsanlagen auf der kleinen Felseninsel am Golf von Mirabello wurden 1579 von den Venezianern errichtet, um die Einfahrt in den Naturhafen zu kontrollieren. Venedig konnte Spinalónga noch fast ein halbes Jahrhundert nach der

❹ Siteía
Karte Q4

Das im 4. Jahrhundert von den Byzantinern gegründete Siteía wurde im 14. Jahrhundert durch Erdbeben zerstört und von Piraten geplündert. Anfang des 19. Jahrhunderts entwickelte sich der Ort erneut zu einem bedeutenden Handelszentrum. Am malerischen Hafen liegen eine venezianische Festung und das Archäologische Museum *(siehe S. 49)*. Siteía ist für kretische Weine von hoher Qualität bekannt.

Palmenpromenade von Siteía

Kretas Höhlen

In den Berghängen von Kreta gibt es ungefähr 5000 Höhlen und Grotten, in denen man faszinierende Relikte alter Kulturen entdeckte. Die Funde beweisen, dass Kreta lange vor der minoischen Kultur besiedelt war. Nur eine Handvoll Höhlen sind bis heute vollständig erforscht – es gibt noch Tausende zu erkunden und zu kartieren.

Felsformationen, Diktäische Höhle

⑤ Makrigialós
Karte Q5

Makrigialós ist der wohl beliebteste Ferienort an der Südostküste von Kreta. Er bietet eine Vielzahl kleiner Pensionen, Hotels und Tavernen entlang einer windgeschützten Bucht mit Sand- und Kiesstränden, die zu den schönsten in der Region gehören.

⑥ Zákros-Schlucht
Karte R5

Die Zákros-Schlucht ist auch als »Tal der Toten« bekannt, weil sich in den Höhlen der Kalksteinwände römische Gräber befanden. Die Schlucht führt von Ano (»Ober-«) Zákros zum Meer nach Káto (»Unter-«) Zákros, wo man 1961 eine minoische Palaststätte ausgrub. Für den wunderschönen Weg durch die Schlucht benötigt man bergauf rund 90 Minuten, bergab etwa eine Stunde (siehe S. 65).

⑦ Diktäische Höhle
Karte M5

Die moosbewachsene Kalksteinhöhle ist in der griechischen Mythologie der Geburtsort des obersten olympi-

schen Gottes: Um ihr Kind vor seinem Vater Kronos zu schützen, suchte Zeus' Mutter Rhea für die Niederkunft die Höhle auf (siehe S. 54). Minoische Doppeläxte und Bronzefigurinen, die in der Diktäischen Höhle gefunden wurden, können im Archäologischen Museum Iráklio besichtigt werden.

⑧ Agios Nikólaos
Karte N4

Agios Nikólaos am Golf von Mirabello hat die attraktivste Lage aller ostkretischen Städte. Das Zentrum erstreckt sich am Voulisméni-See, den Palmen und hübsche Cafés säumen. Auch wenn heute moderne Hotels und Apartments die alten Gebäude in den Schatten stellen, hat sich der Ort einen gewissen Charme bewahrt. Es gibt zwei kleine Stadt-

stände, Boote bringen Urlauber zu den größeren Stränden in der Umgebung. Die Stadt erhielt ihren Namen von der kleinen Kirche Agios Nikólaos aus dem 11. Jahrhundert.

⑨ Vái
Karte R4

Der Strand von Vái ist berühmt, weil sich hier Europas einziger natürlicher Palmenhain befinden soll. Die Bäume, so sagt man, wurden einst von arabischen Seeleuten gepflanzt. Beide Behauptungen sind falsch, da auf Kreta sowie auf Inseln in der Ägäis mehrere solcher Palmenhaine zu finden sind. Die Kretische Dattelpalme wurde erstmals im 4. Jahrhundert v. Chr. von dem Botaniker Theóphrastos beschrieben. Ihm zu Ehren erhielt sie den wissenschaftlichen Namen *Phoenix theophrasti*. Die Bäume sind heute eingezäunt und geschützt. Der Strand ist von Juni bis August völlig überfüllt.

⑩ Lasíthi-Hochebene
Karte M4

Die fruchtbare »Ebene der Windmühlen« liegt inmitten von kahlen Kalkbergen. Der Beiname ist etwas irreführend, da von den berühmten Mühlen mit den weißen Segeln – einst waren es mehrere Hundert – nur wenige erhalten geblieben sind. Die Lasíthi-Hochebene ist dennoch einen Ausflug wert, da allein schon die Anfahrt durch die Berge überaus eindrucksvoll ist und man am Wegesrand viel vom traditionellen kretischen Alltag sehen kann.

Panorama von Agios Nikólaos

Tagestour

Für die rund 200 Kilometer lange Tour mit Start und Ziel in **Agios Nikólaos** sollten Sie einen Tag oder zwei Tage mit Übernachtung in Zákros einplanen. Fahren Sie auf der Küstenstraße ostwärts zur minoischen Stätte **Gourniá** *(siehe S. 34f)*. Danach geht es weiter ostwärts nach **Siteía** *(siehe S. 111)*. Die byzantinische Stadt wurde im 14. Jahrhundert zerstört und vom örtlichen *paşa* (osmanischer Gouverneur) im 19. Jahrhundert wiederaufgebaut. Siteía hat einen malerischen Hafen, wo Sie eine Kaffeepause einlegen können, und ein Archäologisches Museum *(siehe S. 49)* mit minoischen Schätzen.

Weiter östlich liegt das befestigte, im 14. Jahrhundert gegründete Kloster **Moní Toploú** *(siehe S. 45)*. Hier können Sie die Ikonen besichtigen und das Olivenöl der Mönche kaufen. Fahren Sie weiter an Kretas Ostküste nach **Vái** mit dem weitgehend, größtenteils geschützten Palmenstrand. Nutzen Sie die Gelegenheit für einen Sprung ins Meer. Erfrischt geht es nun in Richtung Süden nach **Ano Zákros**, dann nach links auf eine enge kurvenreiche Straße, die ans Meer nach **Káto Zákros** führt. Am sandigen Kiesstrand stehen ein paar Tavernen. Nach einem späten Mittagessen oder, falls Sie übernachten, am nächsten Morgen geht es durch die malerische Zíros-Hochebene zu Kretas Südküste, durch den beliebten Ferienort **Makrigialós** und weiter nach Westen bis **Ierápetra** *(siehe S. 111)*, einer Stadt, die mehr von der Landwirtschaft geprägt ist als vom Tourismus. Hier beginnt der Rückweg nach Agios Nikólaos.

Siehe Karte S. 110f

Dies & Das

① Kritsá
Karte N5
Kritsá liegt unterhalb der fruchtbaren Katharó-Hochebene und gilt als eines der bedeutendsten Handwerkszentren von Kreta.

② Praisós
Die freigelegten Tonfiguren und Inschriften legen nahe, dass Praisós eine postminoische, altkretische Siedlung war *(siehe S. 43)*.

③ Cretan Olive Oil Farm
Karte N4 ▪ Agios Nikólaos
▪ www.cretanoliveoilfarm.com
Mitarbeiter erklären die traditionelle Olivenölgewinnung und geben Koch- und Töpferkurse im Freien.

④ Lithínes
Karte Q5
In dem nach einer byzantinischen Adelsfamilie benannten Dorf steht u. a. die im 15. Jahrhundert erbaute Kirche Agios Athanásios.

Ruinen von Lató

⑤ Lató
Karte N4 ▪ +30 28410 22462
▪ Mi – Mo 8.30 – 15.30 Uhr ▪ Eintritt
▪ http://odysseus.culture.gr
Die dorische Stadt hatte ihre Blütezeit zwischen dem 7. und 3. Jahrhundert v. Chr. Das heutige Agios Nikólaos war einst Latós Seehafen.

Von Weitem sichtbar: Moní Toploú

⑥ Moní Toploú
Das befestigte Kloster wurde im 14. Jahrhundert erbaut. Die massiven Mauern sollten Schutz vor Piraten bieten *(siehe S. 45)*.

⑦ Roússa Ekklisía
Karte R5
Das hübsche Dorf bietet schönen Blick auf die Bucht von Siteía. Auf dem Dorfplatz spenden Platanen Schatten. Sie wachsen dank einer Quelle unter der mittelalterlichen Kirche Agios Nikólaos.

⑧ Moní Kapsá
Karte Q6 ▪ tägl. 8.30 – 12 Uhr
& 16 – 19 Uhr
In der Kapelle des Klosters in den Klippen liegt der mumifizierte Körper eines Mönchs.

⑨ Péfki-Schlucht
Karte Q5
Die schöne vierstündige Wanderung von Péfki nach Makrigialós folgt einem trockenen Flussbett mit weißem Kies durch eine Schlucht mit Kiefern und bizarren Felsen.

⑩ Móchlos
Karte P5
Der kleine Fischerort liegt östlich von Agios Nikólaos. Auf der kleinen, ebenfalls Móchlos genannten Insel vor der Küste siedelten einst die Minoer. Bei Ausgrabungen fand man Gold, Schmuck und prächtige Vasen.

Siehe Karte S. 110f

Strände

(1) Siteía
Karte Q4

Siteía hat einen guten, bei Windsurfern beliebten Strand direkt vor der Haustür – was für kretische Küstenstädte ungewöhnlich ist.

(2) Xerókampos
Karte R5

Das kleine Dorf in der Nähe einiger sandiger Buchten ist auf Besucher eingestellt, aber noch längst nicht überlaufen.

(3) Kouremégos
Karte R4

Windsurfer schätzen die starken Winde vor Kouremégos. Die Bedingungen sind im Sommer am besten, in der Regel nachmittags.

(4) Makrigialós
Karte Q5

Der lange, von Kiesbänken unterbrochene Sandstrand mit seichtem Wasser ist der beste Strand an der kretischen Südostküste.

(5) Mýrtos
Karte N6

Das reizende Bauern- und Fischerdorf bietet einen langen Kiesstrand. Selbst in der Hochsaison ist die Menge der Badegäste überschaubar.

(6) Agía Fotiá
Karte P6

Der beste Strand zwischen Ierápetra und Makrigialós hat groben Sand und liegt im Schutz einer Bucht vor mit Kiefern bewachsenen Hügeln.

(7) Chióna
Karte R4

Für die gute Sand- und Wasserqualität erhielt der Strand die »Blaue Flagge«. Die Tavernen landeinwärts bieten eine große Auswahl.

(8) Káto Zákros
Karte R5

Am Ausgang der Zákros-Schlucht gibt es einen Sand- und Kiesstrand, einen kleinen Fischerhafen sowie einige Pensionen und Tavernen.

Bucht vor Káto Zákros

(9) Mílatos
Karte N4

An dem Kiesstrand geht es, im Vergleich zu den Ferienorten ein paar Kilometer weiter westlich, erstaunlich ruhig zu.

(10) Voúlisma
Karte P5

In der wunderschönen Sandbucht, der besten östlich des Ferienorts Istro, gibt es Sonnenliegen und manchmal eine leichte Brandung.

Azurblaues Wasser vor Voúlisma

Fotomotive

(1) Sandstrand von Vái
Karte R4
Die besten Aufnahmen des mit Strohschirmen gespickten, sanft ins türkisfarbene Wasser gleitenden Traumstrands gelingen von der Aussichtsplattform auf dem Hügel am südlichen Ende.

(2) Palmenhain von Vái
Jahrhundertealte Kretische Dattelpalmen formen Europas größten Palmenhain und verleihen dem Strand von Vái tropisches Flair – eine traumhafte Kulisse für Hobbyfotografen *(siehe S. 113)*.

(3) Spinalónga
Die venezianische Inselfestung bietet Fotografen mehrere exzellente Aussichtspunkte. Die besten Bilder von der Festung selbst gelingen vom Boot aus *(siehe S. 111)*.

(4) Agios Nikólaos
Mittelpunkt der Stadt ist der Voulisméni-See, ein ehemaliger Süßwassersee, der heute über einen Kanal mit dem Meer verbunden ist und als innerer Hafen dient. Einen schönen Blick hat man von der Straße oberhalb des Sees *(siehe S. 112f)*.

(5) Windmühlen von Lasíthi
Die Hochebene ist berühmt für ihre Windmühlen – manche aus Stein, manche weiß getüncht, manche restauriert – mit den sich drehenden weißen Segeln *(siehe S. 113)*.

(6) Diktäische Höhle
In einer unteren Kammer des Höhlenkomplexes gibt es einen kleinen See sowie wunderschöne beleuchtete Stalaktiten und Stalagmiten *(siehe S. 112)*.

(7) Zákros-Schlucht
Auf dem Weg durch die eindrucksvolle Schlucht hinab zum Küstenort Káto Zákros kann man Orchideen, Ziegen und Bussarde fotografieren *(siehe S. 112)*.

(8) Péfki-Schlucht
Die für die natürlichen Quellen und Wasserläufe bekannte Schlucht nördlich von Makrigialós verdankt ihren Namen den vielen duftenden Kiefern *(siehe S. 114)*.

(9) Chrysí
Karte N6
Im Sommer fahren täglich Boote von Ierápetra zu der unbewohnten, von türkisfarbenem Meer umgebenen Insel mit Sanddünen und jahrhundertealten Wacholderbäumen.

(10) Hafen von Ierápetra
In dem kleinen Hafen an der Südküste von Kreta ankern weiß, blau und rot gestrichene, mit Bojen und Netzen bestückte Fischerboote. Die Festung im Hintergrund verstärkt den malerischen Anblick *(siehe S. 111)*.

Windmühlen auf der Lasíthi-Hochebene

Shopping

① Cretan Olive Oil Farm
Der Hof verkauft im eigenen Laden außer Olivenöl auch Oliven und Olivenpaste sowie getrocknete Tomaten, Feigenmarmelade und handgemachte Seifen *(siehe S. 114)*.

② Votania Pure Herbs of Crete
Karte P5 ■ Kavoúsi-Strand, 26 km östl. von Agios Nikólaos ■ www.votania.com
Salbei, Oregano, Thymian, Rosmarin, Lavendel und Minze wachsen vor Ort. Verkauft werden sie getrocknet oder verarbeitet in Tees oder Kosmetika.

③ Art on Olive Wood
Karte N4 ■ 28is Oktovríou 22, Agios Nikólaos ■ +30 2841 025168
In der Werkstatt werden seit 1985 u.a. kleine Bäume, Boote und Tiere aus Olivenholz geschnitzt. Außerdem sind verzierte Kerzenständer erhältlich.

④ Ktíma Toploú
Karte R4 ■ Moní Toploú, Siteía +30 28430 29637 ■ www.ktimatoplou.gr
In den Weingärten am Kloster Moní Toploú aus dem 14. Jahrhundert *(siehe S. 45)* wachsen Rebsorten wie Asýrtiko, Liátiko und Syrah, aus denen hervorragende Rot-, Weiß- und Dessertweine gekeltert werden.

⑤ Hatzís
Karte M4 ■ Venizélou 58 (Laden) & Eleftherías 17 (Werkstatt), Chersónisos ■ www.hatzisleather.com
Die 1973 in Iráklio gegründete Werkstatt fertigt Taschen, Sandalen, Gürtel und Accessoires aus Leder in klassischem kretischen Design und verkauft sie dann im eigenen Laden.

⑥ Straßenmarkt
Karte N6 ■ Psyllináki, Ierápetra
Der Straßenmarkt von Ierápetra findet jeden Samstagvormittag statt. An den Ständen bieten Bauern und Gemüsegärtner aus der Umgebung ihre Produkte an.

⑦ Si-Mel Savidákis
Karte Q4 ■ Géla, Siteía ■ www.toplou-honey.com
Der Familienbetrieb mit eigenen Bienenstöcken bietet Führungen an. Er verkauft außer Honig u.a. Gelée royale und *rakómelo*, einen mit Honig aromatisierten *rakí*, der heiß getrunken wird.

⑧ Domaine Oikonómou
Karte Q4 ■ Em. Stavrakáki 102, Siteía
Giánnis Oikonómou keltert aus den Liátiko-Trauben der Region Siteía Rotwein. Er erlernte sein Handwerk in Bordeaux, bevor er auf seine Heimatinsel zurückkehrte *(siehe S. 79)*.

Olivenöle von Terra Zákros

⑨ Terra Zákros
Karte R5 ■ Ano Zákros ■ www.sitiaterrazakros.gr
Das Olivenöl aus diesem Laden wurde bereits bei internationalen Wettbewerben prämiert. Zum Sortiment gehören auch Honig, Kräuter, Wein und *rakí* aus der Region.

⑩ Ioánnis Petrákis Icons Art Studio
Karte N4 ■ Mpóti Sfakianáki 8, Eloúnta ■ www.greek-icons.com
In dem Atelier entstehen mit traditionellen Techniken und Materialien byzantinische und kretische Ikonen und Gemälde *(siehe S. 79)*.

Siehe Karte S. 110f

Bars & Cafés

① Alexandros Rooftop Bar, Agios Nikólaos
Karte N4 ▪ Kondyláki 4 ▪ +30 28410 24309
Die beliebte Bar mit Blick auf den Voulisméni-See serviert Cocktails an Tischen mit flackernden Öllampen.

② Café Snack Bar Vái
Karte R4 ▪ am Strand
Bei den berühmten Palmen am Strand werden Kaffee, Drinks, allerlei Knabbereien und täglich frisch zubereitetes Milcheis angeboten.

③ Epico, Pláka
Karte N4 ▪ am Strand
Vor der Kulisse der Insel Spinalónga jenseits der Bucht kann man kühles Bier, Wein, frisch gepresste Säfte, Kaffee und Knabbereien genießen.

④ Kaaren's, Eloúnta
Karte N4 ▪ Agíou Nikoláou – Vrouchás 47 ▪ +30 28410 41709 ▪ abends geschl.
Die Cafébar bietet nicht nur leckere Sandwiches, Wraps, hausgemachte Würstchen und eine große Cocktailauswahl, sondern auch einen wunderschönen Meerblick *(siehe S. 76)*.

Auswahl von *mezédes* bei Kaaren's

⑤ Ammoudi Club, Agios Nikólaos
Karte N4 ▪ am Strand Ammoúdi ▪ +30 69733 66065
Der Mix aus Strandbar mit Liegestuhlverleih und Café-Restaurant mit Gast-DJs ist im Sommer ein beliebter Treffpunkt – bei Tag und bei Nacht.

Abends vor der Puerto Bar

⑥ Puerto Bar, Agios Nikólaos
Karte N4 ▪ Koúndourou Ecke Evans ▪ +30 28410 22850
Von der Terrasse der am Hafen gelegenen Cafébar genießt man eine wunderschöne Aussicht. Die gute Musik lockt abends viele Gäste in den Innenraum der Bar.

⑦ Ariston, Ierápetra
Karte N6 ▪ Stragioú Samouíl 14 ▪ +30 28420 26120
Ariston bietet verschiedene Leckereien zum Mitnehmen an, darunter Sandwiches, glasierte Donuts, *díples* (Honiggebäck) und *tirópita* (Filoteiggebäck mit Feta-Füllung).

⑧ Café Olympio, Makrigialós
Karte Q5 ▪ am Hafen ▪ +30 28430 52135
Die Cafébar am kleinen Hafen serviert im Schatten von Tamarisken Frühstück, Salate, leckere Snacks, Bier vom Fass und Cocktails.

⑨ Mitsakakis, Siteía
Karte Q4 ▪ Karamanlí 6
Das Café an der Uferstraße ist bekannt für seine hausgemachten Desserts und die fantastische Eiscreme.

⑩ Amnesia, Káto Zákros
Karte R5 ▪ am Strand
Die auch abends gut besuchte Café- und Snackbar serviert Eiscreme, Drinks, Bier und Knabbereien.

Restaurants

(1) Paradosiako, Agios Nikólaos
Karte N4 ▪ Themistokléous 9
▪ +30 69772 66744 ▪ €
Das am Meer gelegene *mezedopoleío* ist hervorragend. Gäste kreuzen auf der Bestellkarte an, was sie wünschen.

(2) Kalliotzina, Koutsourás
Karte P5 ▪ am Meer ▪ +30 28430 51207 ▪ Nov – Apr geschl. ▪ €
Die Taverne serviert gute Hausmannskost an Tischen im Schatten von Tamarisken *(siehe S. 75)*.

(3) Anatoli Taverna, Agkáthia
Karte R4 ▪ +30 28430 61115 ▪ Nov – Apr geschl. ▪ €
Die traditionelle Taverne liegt zwischen Siteía und dem Moní Toploú nahe dem Strand von Kourémenos. Sie bietet Fisch- und Grillgerichte.

(4) The Ferryman, Eloúnta
Karte N4 ▪ Aktí Oloúntos ▪ +30 28410 41230 ▪ €€
Die Seafood-Taverne mit Blick auf die Halbinsel Spinalónga erhielt bereits mehrere Auszeichnungen. Für alle Gerichte werden Zutaten aus der Region verwendet *(siehe S. 73)*.

(5) Akrogiali, Káto Zákros
Karte R5 ▪ am Strand ▪ +30 28430 26893 ▪ €
Das reizende Lokal lockt mit Drinks, Seafood und Fleisch vom Grill.

Tische am Strand, Akrogiali

Preiskategorien
Preis für ein Drei-Gänge-Menü pro Person mit einer halben Flasche Wein, inkl. Steuern und Service.

€ unter 25 € €€ 25 – 40 € €€€ über 40 €

(6) Poulis, Eloúnta
Karte N4 ▪ Aktí Oloúntos ▪ +30 28410 41451 ▪ Nov – Apr geschl. ▪ €€
Poulis serviert überwiegend Gerichte der kretischen und griechischen Küche sowie diverses Seafood vom Grill. Dazu gibt es eine gute Auswahl an Weinen *(siehe S. 73)*.

(7) Levante, Ierápetra
Karte N6 ▪ Stratigoú Samouíl 36 ▪ +30 28420 80585 ▪ €
Direkt am Strand von Ierápetra hat man die Chance, regionale Spezialitäten wie *omathiés* (Wurst aus Reis und Innereien) oder *chochlioí mpourmpouristoí* (sautierte Schnecken mit Zitrone und Rosmarin) zu probieren.

(8) Piperia, Péfki
Karte Q5 ▪ Eparchiakí Odós Ierápetras ▪ +30 69367 75069 ▪ €
Genießen Sie das entspannte Flair der hübschen Taverne, den Blick auf das bergige Hinterland und die Küste und natürlich die traditionellen kretischen Gerichte *(siehe S. 74)*.

(9) Ta Kochylia, Móchlos
Karte P5 ▪ am Ufer ▪ +30 28430 94432 ▪ €
Die älteste Taverne im Ort (seit 1902) serviert Seafood, vegetarische Platten und täglich wechselnde Eintöpfe mit Blick auf die Insel Móchlos.

(10) Balcony, Siteía
Karte Q4 ▪ Fountalidoú 19 ▪ +30 28430 25084 ▪ €€€
Das Restaurant in einem eleganten Stadthaus bietet kretische Gerichte mit asiatisch-mexikanischem Touch. Die Weinauswahl – mit vielen Weinen aus der Region – ist eindrucksvoll *(siehe S. 72)*.

Siehe Karte S. 110f

Reise-Infos

Weinranken in einer Gasse
in der Altstadt von Chaniá

Anreise & Auf Kreta unterwegs

Anreise mit dem Flugzeug

Auf Kreta gibt es drei internationale Flughäfen: Der **Aeroliménas Níkos Kazantzákis** (HER) liegt fünf Kilometer östlich von Iráklio. Der Flughafen wird voraussichtlich 2025 durch eine neue Anlage bei Kastélli 36 Kilometer südöstlich von Iráklio ersetzt. Der **Aeroliménas Ioánnis Daskalogiánnis** (CHQ) befindet sich 15 Kilometer östlich von Chaniá auf der Halbinsel Akrotíri. Der **Aeroliménas Vitséntzos Kornáros** (JSH) liegt einen Kilometer nördlich von Siteía.

In Iráklio und Chaniá bieten Busse und Taxis Anbindung an die Stadtzentren, in Siteía ist man auf Taxis angewiesen.

Die griechische Fluggesellschaft Aegean Airlines sowie u. a. Lufthansa, Austrian und Swiss fliegen Kreta von mehreren Städten in Deutschland, Österreich und der Schweiz aus ganzjährig an – direkt oder mit einem Zwischenstopp, z. B. in Athen.

Inlandsflüge

Aegean Airlines sowie Regionalfluggesellschaften wie Sky Express und Olympic Air bieten innergriechische Flüge vom Festland und von anderen Inseln nach Kreta. Von Athen und Thessaloníki aus bestehen ganzjährig, von Alexandroúpoli und Vólos saisonal Verbindungen nach Iráklio und Chaniá. Die Strecken von Santoríni, Kós, Ródos und anderen Inseln werden ebenfalls meist saisonal bedient.

Anreise mit dem Schiff

An der Nordküste Kretas liegen die großen Fährhäfen Iráklio und Chaniá. In Iráklio legen die Fähren am Rand des Stadtzentrums an. Chaniás Hafen befindet sich in Soúda, sieben Kilometer östlich der Stadt. Von dort fahren Busse nach Chaniá.

Autofähren von **ANEK Lines** und **Blue Star Ferries** fahren von Athens Hafen Piräus aus über Nacht in neun Stunden nach Iráklio sowie in 8,5 Stunden nach Chaniá. Nach Iráklio gelangt man auch mit **Minoan Lines**.

Busse

Busse sind die einzigen öffentlichen Verkehrsmittel auf Kreta. Betreiber ist die **KTEL (Kiná Tamía Ispráxeon Leoforíon)**, ein Verbund von regionalen Genossenschaften, der für den Fernbusverkehr in ganz Griechenland zuständig ist. Auf den Websites von KTEL findet man Fahrpreise und -zeiten sowie Liniennetzpläne. Zwischen Chaniá, Réthymno und Iráklio bieten die KTEL-Busse regelmäßige schnelle Verbindungen. Einige fahren weiter nach Osten bis Agios Nikólaos. Selbst abgelegene Dörfer sind in der Regel per Bus erreichbar.

Auf Kreta teilen sich **KTEL Chaniá-Réthymno** und **KTEL Iráklio-Lasíthi** das Busnetz. Tickets müssen vor Fahrtantritt online oder an Kiosken erworben werden.

Autofahren

Die großen Städte an der Nordküste – Chaniá, Réthymno, Iráklio und Agios Nikólaos – liegen an der zweispurigen, autobahnähnlichen Nationalstraße 90 (E65/E75). Östlich von Chersónisos bis Siteía wird die Straße enger und es gibt zahlreiche Baustellen.

Viele Straßen auf Kreta führen durch gebirgiges Gelände. Sie sind schmal und oft nicht asphaltiert. Zuweilen versperrt Vieh die Straßen.

Einige Dörfer an der Südküste sind schlecht an das Straßennetz angebunden, es empfiehlt sich eine Anreise per Schiff.

In der Hauptsaison sind in Chaniá, Iráklio und Réthymno Parkplätze rar. Am besten parkt man am Stadtrand und geht zu Fuß ins Zentrum.

Mietwagen

An den Flug- und Fährhäfen sowie in allen Städten und Urlaubsorten auf Kreta gibt es Filialen von Mietwagenfirmen. Bürger aus der EU und der Schweiz benötigen für die Anmietung den nationalen Führerschein und eine Kreditkarte. Das Mindestalter für Fahrer beträgt 21 Jahre, bei einigen Anbietern 25 Jahre. Empfehlenswert ist der Abschluss einer Vollkaskoversicherung ohne Selbstbeteiligung.

Verkehrsregeln

Innerhalb geschlossener Ortschaften beträgt das Tempolimit 50 km/h, außerorts 90 km/h. Es ist üblich, auf den Standstreifen auszuweichen, um anderen das Überholen zu erleichtern. Wenn nicht anders beschildert, haben nicht die Fahrer im Kreisverkehr, sondern die von rechts einfahrenden Fahrzeuge Vorfahrt.

Missachtung der Gurtpflicht wird mit einem Bußgeld von 350 Euro geahndet. Kinder unter drei Jahren müssen in einem Kindersitz transportiert werden, ab zehn Jahren dürfen sie auf den Beifahrersitz.

Die Promillegrenze beträgt 0,5 (für Fahranfänger 0,2). Überschreitungen werden hart bestraft. Bei Bußgeldzahlungen innerhalb von zehn Tagen erhält man 50 Prozent Rabatt. Bei Unfällen nimmt die Polizei bei allen Beteiligten Alkoholtests vor. Lassen Sie sich für Ihre Mietwagenfirma ein Unfallprotokoll aushändigen.

Taxis

Bei den Taxis auf Kreta handelt es sich meist um graue Limousinen. Taxistände gibt es an von Urlaubern viel besuchten Orten in den Städten sowie an Flug- und Fährhäfen. Man kann Wagen auch an der Straße heranwinken.

Fahrten in der Stadt und über Land sind günstig. Bei Kurzfahrten läuft das Taxameter, bei längeren Strecken ist es üblich, den Preis vor Fahrtantritt zu vereinbaren.

Fähren

Die Orte Palaióchora, Soúgia, Agía Rouméli, Loutró und Chóra Sfakíon an der Südküste sind nur per Boot oder mit den Fähren von **Anendyk** erreichbar.

ANEK Lines bietet wöchentlich eine preiswerte Fähre von Ródos nach Iráklio (Fahrzeit 15 Std.). Von April bis Oktober verkehren zwischen den Kykladen und Kreta täglich Highspeed-Katamarane. Von Náxos, Páros, Mýkonos und Santoríni fahren **Hellenic Seaways** und **SeaJets** nach Iráklio. Die Überfahrt von Santoríni dauert nur 1:45 Stunden.

Radfahren

Fahrten mit Tourenrädern auf den Straßen Kretas sind sehr beliebt. Für Mountainbiker bieten sich abseits der Nordküste viele Landstraßen und Feldwege an. Diverse Reiseagenturen veranstalten Radtouren und Radferien. Fahrräder kann man in allen größeren Ferienorten mieten.

Frühling (Apr – Mai) und Herbst (Sep – Okt) sind für Radfahrer am besten geeignet. Im Hochsommer ist Radfahren nur in höheren Lagen erträglich. Hobbyradsportler können im Mai an der **Tour of Crete** teilnehmen.

Zu Fuß

Die weitgehend autofreien Altstädte von Chaniá, Réthymno und Iráklio lassen sind wunderbar zu Fuß erkunden. Einige der schönsten Strände Kretas erreicht man nur nach kleinen Fußmärschen.

Kreta ist im Landesinneren ein fantastisches Wandergebiet. In der Umgebung der zum Teil über 2000 Meter hohen Berge gibt es anspruchsvolle Strecken für Bergwanderer und Kletterer. Wanderungen durch eine der Schluchten bieten sich auch für Ungeübte an. Organisierte Touren und Wanderferien sind sehr beliebt. Der Europäische Fernwanderweg E4 (siehe S. 65) führt von Kastélli Kissámou im Westen bis Káto Zákros im Osten quer über die Insel. Zum Wandern eignen sich Frühling und Herbst.

Flughäfen
Aeroliménas Ioánnis Daskalogiánnis (Chaniá)
🔲 chq-airport.gr
Aeroliménas Níkos Kazantzákis (Iráklio)
🔲 heraklion-airport.gr
Aeroliménas Vitséntzos Kornáros (Siteía)
🔲 ypa.gr

Schiffsreisen
ANEK Lines
🔲 anek.gr
Blue Star Ferries
🔲 bluestarferries.com
Minoan Lines
🔲 minoan.gr

Busse
KTEL
🔲 ktelbus.com
KTEL Chaniá-Réthymno
🔲 e-ktel.com
KTEL Iráklio-Lasíthi
🔲 ktelherlas.gr

Fähren
Anendyk
🔲 anendyk.gr
Hellenic Seaways
🔲 hellenicseaways.gr
SeaJets
🔲 seajets.gr

Radfahren
Tour of Crete
🔲 tourofcrete.com

Praktische Hinweise

Einreise

Griechenland gehört zum Schengenraum, für Bürger aus der EU und der Schweiz gibt es keine Formalitäten bei der Ein- und Ausreise. Es ist jedoch Pflicht, einen gültigen Personalausweis oder Reisepass mitzuführen. Kinder jeden Alters benötigen eigene Ausweisdokumente. Als Urlauber darf man sich bis zu 90 Tage in Griechenland aufhalten.

Zoll

EU-Bürger dürfen bis zu 110 Liter Bier, 90 Liter Wein, 60 Liter Schaumwein, 20 Liter Likörwein und zehn Liter Spirituosen zollfrei ein- und ausführen. Die Mitnahme von einem Kilogramm Tabak, 200 Zigarren, 400 Zigarillos und 800 Zigaretten ist ebenfalls gestattet. Die Ein- und Ausfuhr von Bargeld muss ab einer Höhe von 10 000 Euro angemeldet werden.

Für Hunde und Katzen ist ein EU-Heimtierausweis mitzuführen, der nachweist, dass das Tier gegen Tollwut geimpft ist.

Die Einfuhr von Waffen (auch Verteidigungssprays) und Rauschmitteln ist verboten und wird hart bestraft. Auch der unerlaubte Besitz und die versuchte Ausfuhr von archäologischen Gegenständen werden mit hohen Strafen belegt. Für den Erwerb und die Ausfuhr von Antiquitäten benötigt man eine Genehmigung des griechischen Kultusministeriums.

Diplomatische Vertretungen

Bei Problemen wie dem Verlust von Ausweisdokumenten erhalten Reisende von den Botschaften und Konsulaten ihrer Heimatländer Hilfe.

Reise- & Sicherheitshinweise

Aufgrund unvorhersehbarer Entwicklungen kann es zu Änderungen und Einschränkungen kommen. Aktuelle Informationen zur Einreise sowie Sicherheitshinweise finden Sie beim deutschen **Auswärtigen Amt**, beim österreichischen **Bundesministerium für europäische und internationale Angelegenheiten** oder beim **Eidgenössischen Departement für auswärtige Angelegenheiten** der Schweiz. Die Außenministerien stellen außerdem kostenlose Apps zur Verfügung, über die Reisende sofort von Veränderungen der Sicherheitslage erfahren.

Ausweispflicht

Besucher sind dazu verpflichtet, stets ihren Reisepass oder Personalausweis mitzuführen.

Versicherung

Bei Vorlage der Europäischen Krankenversicherungskarte (EHIC) haben EU-Bürger in Notfällen Anspruch auf Behandlung in den staatlichen medizinischen Einrichtungen Griechenlands. Es empfiehlt sich aber, eine Aus-

landsreisekrankenversicherung abzuschließen, die den Rücktransport ins Heimatland sowie die Behandlung bei Privatärzten oder in Privatkliniken abdeckt, die meist besser ausgestattet sind.

Gesundheit

Bei einem Notfall können Sie die **Universitätsklinik Iráklio** (Panepistimiakó Genikó Nosokomeío Iraklíou) aufsuchen. Das Lehrkrankenhaus hat einen sehr guten Ruf. Privatkliniken und Zahnärzte gibt es in allen kretischen Städten.

Griechische Apotheker sind hoch qualifiziert und können bei kleineren Unfällen oder Verletzungen helfen. Apotheken (pharmakeío) erkennt man am grünen Kreuz. Sie haben in der Regel montags bis samstags ganztägig geöffnet. An geschlossenen Apotheken ist – oft auch auf Englisch – angeschlagen, welche Apotheken Notdienst haben.

Leitungswasser kann man auf Kreta trinken, sofern nicht durch Hinweisschilder davon abgeraten wird. Vor den beliebten öffentlichen Trinkbrunnen mit Quellwasser bilden sich oft Warteschlangen.

Notfälle

Polizei (astynomía), Feuerwehr (pyrosvestikí) und Ambulanz (asthenofóro) kann man über die Europäische Notrufnummer 112 auf Englisch anfordern. Medizinische Hilfe bieten auch **SOS Doctors**.

Sicherheit

Kretas Kriminalitätsrate ist sehr niedrig. Schützen Sie sich mit den üblichen Vorsichtsmaßnahmen vor Diebstählen: Achten Sie auf Ihre Wertsachen und verwahren Sie diese niemals im Auto. In der Umgebung des Archäologischen Museums Iráklio sind viele Taschendiebe unterwegs. Zeigen Sie Diebstähle umgehend bei der **Touristenpolizei** oder auf den Polizeirevieren in Chaniá oder Iráklio an und lassen Sie sich ein Protokoll für Ihre Versicherung aushändigen.

Die Griechen stehen allen Menschen aufgeschlossen gegenüber, unabhängig von deren ethnischer Zugehörigkeit und sexueller Orientierung. In ländlichen Gebieten werden öffentliche Zuneigungsbekundungen gleichgeschlechtlicher Paare wegen der konservativeren Grundhaltung und des größeren Ein-

flusses der griechisch-orthodoxen Kirche zuweilen nicht gern gesehen, aber toleriert. In Iráklio, Chaniá, Réthymo und Agios Nikólaos gibt es eine LGBTQ+ Szene. Die Strände Kommós (Mátala), Sarantáris (Chersónisos), Macherída (Chaniá) und Kávros (Georgioúpoli) sind bei der LGBTQ+ Community beliebt.

Rauchen, Alkohol & Drogen

In öffentlichen Bereichen, einschließlich Restaurants, Cafés und Bars, herrscht Rauchverbot. Das Rauchen im Freien (z. B. auf Café-Terrassen) ist in der Regel erlaubt.

In Griechenland wird die Erregung öffentlichen Ärgernisses – vor allem nach starkem Alkoholkonsum – mit hohen Bußgeldern oder sogar Gefängnisstrafen belegt.

Der Besitz von Drogen kann ebenfalls eine Haftstrafe nach sich ziehen.

Reisende mit besonderen Bedürfnissen

In jüngster Zeit wurden die Bemühungen verstärkt, Kreta für Reisende mit körperlichen Einschränkungen zugänglich zu machen. Seit 2018 sind Hotels gesetzlich dazu verpflichtet, mindestens ein rollstuhlgerechtes Zimmer mit eigenem Bad zur Verfügung zu stellen. Allerdings kommen nicht alle Unterkünfte dieser Vorschrift nach. In modernen Museen und an immer mehr Stränden sind Einrichtungen für Behinderte vorhanden.

Zeit

Auf Kreta gilt die Osteuropäische Zeit (OEZ). Es ist also eine Stunde später als in Ländern mit Mitteleuropäischer Zeit (MEZ). Die Sommerzeit dauert vom letzten Sonntag im März bis zum letzten Sonntag im Oktober.

Diplomatische Vertretungen

Deutschland
Honorarkonsulat Chaniá:
Karte D2 ▪ Digení Akríta 1,
73100 Chaniá
☎ +30 28210 68876
🌐 athen.diplo.de
Honorarkonsulat Iráklio:
Karte T2 ▪ Dikaiosýnis 7,
71202 Iráklio
☎ +30 28102 26288
🌐 athen.diplo.de

Österreich
Honorarkonsulat Iráklio:
Karte K3 ▪ Giannitsón 2,
71201 Iráklio
☎ +30 28170 01211
🌐 bmeia.gv.at/athen

Schweiz
Botschaft:
Iasíou 2, Kolonáki,
11521 Athína (Athen)
☎ +30 21072 30364
🌐 eda.admin.ch

Reise & Sicherheitshinweise

Auswärtiges Amt
🌐 auswaertiges-amt.de

Bundesministerium für europäische und internationale Angelegenheiten
🌐 bmeia.gv.at

Eidgenössisches Departement für auswärtige Angelegenheiten
🌐 eda.admin.ch

Gesundheit

Universitätsklinik Iráklio
Karte K4 ▪ Panepistimíou, Iráklio
☎ +30 28103 92111

Sicherheit

Touristenpolizei
☎ 171

Notfälle

Europäische Notrufnr.
☎ 112

Ambulanz
☎ 166

Feuerwehr
☎ 199

Polizei
☎ 100

SOS Doctors
☎ 1016

Geld

Griechenlands Zahlungsmittel ist der Euro. Bargeld in anderen Währungen kann man in Banken, Postämtern, großen Hotels sowie in den Wechselstuben der Flug- und Fährhäfen wechseln.

Kreditkarten wie **Visa** und **MasterCard**, aber auch **American Express** und **Diners Club** werden in den meisten Läden und Restaurants akzeptiert. In den größeren Städten ist auch kontaktloses Bezahlen möglich. In den Städten und Urlaubsorten gibt es viele Geldautomaten (POS), an denen man mit Kredit- und Debitkarten (sowohl die **girocard** mit Maestro- als auch die mit V-Pay-Logo funktionieren) Geld abheben kann. Melden Sie den Verlust Ihrer Karte sofort.

Es empfiehlt sich, stets auch Bargeld mitzuführen, da vor allem in ländlichen Gebieten, auf Märkten sowie in kleinen Läden und Lokalen nur Barzahlung möglich ist.

In Restaurants ist es üblich, 10 Prozent des Rechnungsbetrags als Trinkgeld zu geben. Bei Taxifahrten rundet man den Betrag auf. Den Gepäck- und Reinigungsservice im Hotel entlohnt man mit ein bis zwei Euro pro Gepäckstück / Tag.

Telefon & Internet

Die Landesvorwahl für Griechenland ist 0030. Griechische Telefonnummern sind zehnstellig. Festnetznummern beginnen mit 2, Handynummern mit 6. Bei Telefonaten innerhalb Griechenlands muss

die Ortsvorwahl stets mitgewählt werden. Für Gespräche von Kreta ins Ausland sind die Landeskennzahlen 0049 für Deutschland, 0043 für Österreich, 0041 für die Schweiz. Danach wählt man die Ortsvorwahl ohne die 0.

Urlauber aus EU-Staaten telefonieren in Griechenland ohne zusätzliche Gebühren auf Basis ihres Mobilfunkvertrags.

In den meisten Hotels, Restaurants und Cafés können Gäste den hauseigenen WLAN-Zugang kostenlos nutzen.

Post

Die Hauptpostämter in **Chaniá**, **Iráklio** und **Réthymno** sind montags bis freitags von 7.30 bis 20.30 Uhr geöffnet. In kleineren Städten und Dörfern schließen die Filialen um 14.30 Uhr.

Öffnungszeiten

Die Öffnungszeiten auf Kreta sind unberechenbar. In diesem Reiseführer wurden die aktuellen angegeben, doch sie können sich kurzfristig ändern. Üblicherweise sind Läden montags bis samstags von 9 bis 14 Uhr, dienstags, donnerstags und freitags außerdem von 17.30 bis 20.30 Uhr geöffnet, manche Shops in Ferienorten im Sommer auch bis 22 Uhr.

Banken haben in der Regel montags bis donnerstags von 8 bis 14 Uhr sowie freitags von 8 bis 13.30 Uhr geöffnet.

Die großen Museen und archäologischen Stätten unter staatlicher Führung sind im Sommer von 8 bis

20 Uhr geöffnet, montags bleiben viele geschlossen. Letzter Eintritt ist 20 Minuten vor Schließung.

Kirchen und Klöster sind bis auf zwei oder drei Stunden am Nachmittag von Sonnenaufgang bis Sonnenuntergang zugänglich.

Banken und Läden bleiben an folgenden Feiertagen geschlossen: Neujahr (1. Jan), Heilige Drei Könige (6. Jan), »Sauberer Montag« (Feb oder März), Unabhängigkeitstag (25. März), Karfreitag, Ostersonntag, Ostermontag, Tag der Arbeit (1. Mai), Pfingsten, Mariä Himmelfahrt (15. Aug), Ochi-Tag (28. Okt), Weihnachten.

Mehrwertsteuer

Der griechische Mehrwertsteuersatz liegt bei 24 Prozent, in Tavernen bei 17 Prozent. Er ist in der Regel in den Preisen enthalten. Besucher aus Nicht-EU-Ländern können sich die Mehrwertsteuer für Einkäufe über 120 Euro bei der Ausreise rückerstatten lassen.

Strom

Die Stromspannung beträgt auf Kreta wie im restlichen Europa auch 230 Volt, 50 Hertz. Flache, zweipolige Stecker passen immer.

Klima

Kreta bietet ein angenehmes mediterranes Klima mit viel Sonnenschein. Im Sommer gibt es kaum Niederschläge, die Temperaturen liegen durchschnittlich bei 26 °C, erreichen oft aber bis zu 35 °C. An den Küsten macht die Meeresbrise die Hitze erträglich. Im Winter herrschen im Durchschnitt 11 °C; nachts fallen die Temperaturen häufig unter den Gefrierpunkt. Die Berge sind meist von Dezember bis April mit Schnee bedeckt. Im Frühling und Herbst beträgt die Durchschnittstemperatur 16 °C.

Die meisten Urlauber reisen im Juli und August nach Kreta. Von Mai bis Juni bzw. im September und Oktober genießen Besucher mildere Temperaturen, weniger Andrang und günstigere Übernachtungspreise.

Information

Die Filiale des griechischen Fremdenverkehrsamts **GNTO** (Greek National Tourism Organisation) in Iráklio bietet Landkarten, Busfahrpläne und Informationen über Sehenswürdigkeiten.

Der vom griechischen Kultusministerium betriebenen Website **Odysseus** kann man Informationen über staatliche Museen sowie archäologische und historische Stätten, einschließlich der Öffnungszeiten, entnehmen.

Sprache

Viele Griechen besitzen Englisch- oder Deutschkenntnisse, in den ländlichen Gebieten Kretas sind Fremdsprachen jedoch wenig verbreitet. Der Sprachführer auf den Seiten 142 bis 144 gibt Ihnen einige wichtige griechische Ausdrücke und Sätze an die Hand.

Restaurant-Tipps

Kreter essen zwischen 13.30 und 16 Uhr zu Mittag. Die Hauptmahlzeit, das Abendessen, beginnt ab 20.30 Uhr und dauert oft bis Mitternacht.

In einer *paradosiakí tavérna* (traditionelle Taverne) genießt man authentische kretische Küche. Dort wählen Gäste die gewünschten Speisen einzeln aus und stellen sich so ihre Mahlzeit zusammen. In einer *psarotavérna* gibt es vorwiegend Fisch und Seafood.

Im *mezedopoleío* erhält man *mezédes* sowie offenen Wein, *rakí* oder *tsikoudiá*. Grillrestaurants *(psistariá)* bieten Gerichte vom Spieß und Holzkohlengrill, etwa mit Lamm oder Spanferkel. Die beliebten *Gýros-* und *Souvláki-*Sandwiches gibt es im *gyrádiko* bzw. im *souvlatzídiko*.

Hotel-Tipps

Kreta bietet Unterkünfte von der Pension bis zum Luxushotel. Die meisten Fünf-Sterne-Hotels sind an den Küsten und in der Umgebung von Agios Nikólaos und Eloúnta zu finden. Manche Boutiquehotels in Chaniá und Réthymno befinden sich in restaurierten venezianischen Gebäuden. Wer auf Pauschalreisen verzichten möchte, kann Hotels z. B. über den **Griechischen Hoteliersverband** suchen und sich direkt an die Vermieter wenden. Ferienwohnungen und -häuser werden u. a. bei **FeWo-Direkt** angeboten. Eine Alternative zu den meist modernen Unterkünften an der Küste sind

traditionelle Bauern- oder Herrenhäuser in den Bergen, wie sie u. a. **Vamos Village** vermittelt.

Wer in der Hochsaison (Juli/Aug) nach Kreta reisen möchte, sollte früh buchen. In der Nebensaison kann man dagegen oft spontan und zu viel niedrigeren Preisen eine Unterkunft finden.

Kartenverlust

Allgemeiner Notruf
☏ +49 116 116
W sperr-notruf.de

American Express
☏ +49 69 9797 1000

Diners Club
☏ +49 69 900 150 135

MasterCard
☏ +49 800 071 3542

Visa
☏ +49 800 811 8440

girocard
☏ +49 69 740 987

Post

Chaniá
Karte D2 ▪ Perídou 10

Iráklio
Karte T3 ▪ Plateía Daskalogiánni 1

Réthymno
Karte F3 ▪ Moátsou 19

Information

GNTO
W visitgreece.gr

Odysseus
W odysseus.culture.gr

Hotels

FeWo-Direkt
W fewo-direkt.de

Griechischer Hoteliersverband
W grhotels.gr

Vamos Village
W vamosvillage.gr

Hotels

Preiskategorien
Preis für ein Doppelzimmer pro Nacht mit Frühstück (falls inklusive), Steuern und Service.

€ unter 100 €   €€ 100 – 200 €   €€€ über 200 €

Luxushotels

Avra Imperial
Karte C2 ■ Kolymvári ■ +30 28240 84500 ■ www.avraimperial.gr ■ €€€
Das Hotel, eines der besten in Westkreta, steht an einem Sandstrand und bietet einen großen Swimmingpool mit Palmen, 328 Zimmer und Suiten (manche davon mit eigenem Pool), ein luxuriöses Spa mit hochwertigen Kosmetikprodukten sowie Kinderbetreuung.

Blue Palace Resort & Spa
Karte N4 ■ Pláka, Eloúnta ■ +30 28410 65500 ■ www.bluepalace.gr ■ €€€
Die Anlage mit Luxussuiten, Bungalows, Villen, Spa, Innen- und Außenpools, Tennisplätzen und einer Reihe von Wassersportmöglichkeiten ist absolut erstklassig.

Creta Maris Beach Resort
Karte M4 ■ Chersónisos ■ +30 28970 27000 ■ www.cretamaris.gr ■ €€€
In dem direkt am Strand gelegenen Hotel herrscht die Atmosphäre eines Dorfes: Pfade winden sich durch die Grünanlage mit Bungalows, Suiten und Zimmern. Gäste können im luxuriösen Spa entspannen oder in Kursen lernen, wie man kretisch tanzt bzw. kretisch kocht.

Daios Cove Luxury Resort
Karte N4 ■ Vathý, Agios Nikólaos ■ +30 28418 88019 ■ www.daioscovecrete.com ■ €€€
Alle Zimmer und Suiten bieten Meerblick, es gibt Villen mit eigenem Pool, Wassersport am Strand, Tennisplätze, ein Spa und einen Kinderclub.

Domes of Elounda
Karte N4 ■ Eloúnta ■ +30 28410 43500 ■ www.domesresorts.com/domesofelounda ■ €€€
Zur luxuriösen Anlage gehören Suiten und Villen für Paare und Familien, ein Strand, ein Spa, vier Restaurants, ein Kinderclub und Bereiche speziell für Erwachsene.

Elounda Mare Hotel
Karte N4 ■ südl. von Eloúnta ■ +30 28410 68200 ■ www.eloundamare.com ■ €€€
Das Hotel bietet Doppelzimmer, Bungalows und Suiten mit eigenem Pool, einen Neun-Loch-Golfplatz, ein Spa und Wassersportmöglichkeiten.

Elounda Peninsula
Karte N4 ■ südl. von Eloúnta ■ +30 28410 68250 ■ www.eloundapeninsula.com ■ €€€
Das Hotel liegt auf einer privaten Halbinsel. Die Unterkünfte reichen von Doppelsuiten bis zu größeren Villen mit eigenem Pool. Es gibt zudem ein Spa, Tennisplätze und einen Kinderclub.

Grecotel Creta Palace
Karte F3 ■ Misíria ■ +30 28310 55181 ■ www.cretapalace.com ■ €€€
Die Anlage nahe Réthymno umfasst 200 Bungalows und Villen sowie ein Haupthaus mit 162 Zimmern. Es gibt mehrere Pools, Aktivitäten für Kinder, Tennisplätze und Wassersportangebote.

Minoa Palace Resort
Karte C2 ■ Agía Marína ■ +30 28210 36500 ■ www.minoapalace.gr ■ €€€
Im Minoa Palace in der Nähe von Plataniás und Chaniá kann man zwischen Zimmern, Suiten und Bungalows wählen.

Minos Beach Art Hotel
Karte N4 ■ Agios Nikólaos ■ +30 28410 22345 ■ www.minosbeach.com ■ €€€
Der nicht allzu große, von Gärten umgebene Bungalow-Komplex mit Blick auf den Golf von Mirabello und eigenem Sandstrand ist nur einen kurzen Spaziergang vom Stadtzentrum entfernt.

Out of the Blue Capsis Elite Resort
Karte K3 ■ Agía Pelagía, Iráklio ■ +30 28108 11112 ■ www.capsis.com ■ €€€
Das für Familien ideale Fünf-Sterne-Resort auf einer Landzunge verfügt über Privatstrände, einen riesigen Swimmingpool, Bars, Restaurants und einen Kinderclub.

St. Nicolas Bay Resort
Karte N4 ▪ Halbinsel Nisí ▪ +30 28410 90200 ▪ www.stnicolasbay.gr ▪ €€€
Der preisgekrönte Komplex mit Zimmern, Suiten und Villen, drei Restaurants und Wassersportmöglichkeiten liegt vor Agios Nikólaos.

Boutiquehotels

Alcanea Hotel
Karte A5 ▪ Aggélou 2, Chaniá ▪ +30 28210 75370 ▪ Winter geschl. ▪ www.ariahotels.gr ▪ €€
Das Hotel am Hafen neben dem Schifffahrtsmuseum befindet sich im ehemaligen Sitz des Staatmannes Elefthérios Venizélos. Die Zimmer in Pastellfarben bieten Hafen- und Meerblick.

Avli
Karte Q2 ▪ Réthymno ▪ +30 8310 58250 ▪ www.avli.gr ▪ €€
Zwölf Suiten, teils mit Whirlpool oder Terrasse, sind auf drei venezianische Häuser in zentraler Lage verteilt. Frühstück gibt es im Restaurant im Innenhof. Das *mezedopoleío* Raki Ba Raki ist weniger formell.

Casa Vitae
Karte Q2 ▪ Neofýtou Patelárou 3, Réthymno ▪ +30 69732 37897 ▪ www.casa-vitae.gr ▪ €€
Das venezianische Haus mit Innenhof, in dem das Frühstück serviert wird, bietet Doppelzimmer und Suiten mit Steinwänden, Fliesenböden und Holzdecken. In manchen Zimmern gibt es ein Himmelbett, einen Balkon oder einen Whirlpool.

Lato
Karte T1 ▪ Epimenídou 15, Iráklio ▪ +30 28102 28103 ▪ www.lato.gr ▪ €€
In den beliebten modernen Hotel blickt man aus vielen Zimmern auf den alten Hafen von Iráklio. Das Frühstück ist gut, ebenso das etwas teure Dachrestaurant. Zum Hotel gehören bewachte Parkplätze.

Mythos Suites Hotel
Karte F3 ▪ Arkadíou 122 & Karaolí 12, Réthymno ▪ +30 28310 53917 ▪ www.mythoshotelsuites.com ▪ €€
Das Hotel nimmt zwei venezianische Gebäude aus dem 16. Jahrhundert ein. Die Zimmer im Erdgeschoss bieten Veranden zum Innenhof mit Pool. Die Zimmer in den oberen Stockwerken sind mit Holzbalkonen ausgestattet.

Palazzino di Corina
Karte Q2 ▪ Damvérgi 7–9, Réthymno ▪ +30 28310 21205 ▪ www.corina.gr ▪ €€
Das venezianische Herrenhaus in der Altstadt hat 29 kleine Zimmer und Suiten, einige davon mit Whirlpool und Himmelbett. Es gibt einen kleinen Pool im Innenhof, eine lebhafte Bar direkt an der Straße und ein hervorragendes Restaurant.

Pandora Suites
Karte D2 ▪ Líthinon 29, Chaniá ▪ +30 28210 43588 ▪ www.pandorasuites.com ▪ €€
Aus den stylishen Zwei- und Vierbettsuiten mit hohen Decken, Balkonen und Fensterläden kann man entweder den Innenhof oder das Meer sehen.

Mit Blick auf den alten venezianischen Hafen und den Leuchtturm können Gäste ihr Frühstück oder einen Drink im Dachgarten des Hotels genießen.

Ambassador's Residence
Karte D2 ▪ Michaíl Afentoúlief 13 & Aktí Tompázi 28, Chaniá ▪ +30 28216 00855 ▪ www.ambassadorsresidencechania.com ▪ €€€
Das Haus am Hafen wurde im 19. Jahrhundert errichtet. Alle neun Suiten sind modern und elegant eingerichtet – jede in einem anderen Stil, etwa mit Holz, Keramik oder Glas. Manche haben eine Terrasse oder einen Whirlpool.

Casa Delfino
Karte D2 ▪ Theofános 9, Chaniá ▪ +30 28210 87400 ▪ www.casadelfino.com ▪ €€€
Das Anfang des 17. Jahrhunderts erbaute venezianische Haus ist Chaniás exklusivste Adresse. Es wurde von einem Nachfahren der Familie Delfino luxuriös restauriert. Alle 24 Suiten wurden individuell gestaltet und mit türkischem Bad, Gewölbedecke, Balkon oder Dachterrasse versehen. Zum Hotel gehören auch ein Geschenkeshop und ein Spa.

Casa Leone
Karte D2 ▪ Theotokopoúlou 18, Chaniá ▪ +30 28210 76762 ▪ www.casa-leone.com ▪ €€€
Das sorgfältig restaurierte »Haus des Löwen« wurde mit venezianischen Spiegeln sowie mit teils antiken, teils reproduzierten Möbeln ausgestattet.

Kapsaliana Village Hotel
Karte G3 ▪ **Kapsalianá, 5 km nördl. des Moní Arkadíou** ▪ **+30 28310 83400** ▪ **www.kapsaliana village.gr** ▪ **€€€**
In dem Dorf wurden zwölf Häuser venezianischen und kretischen Stils in 17 Gästehäuser umgewandelt. Jedes verbindet Originalelemente mit technischem Komfort wie DVD-Player und WLAN. Die Anlage hat einen Pool, ein Restaurant und eine alte Olivenpresse.

La Maison Ottomane
Karte A5 ▪ **Párodos Kanevárou 32, Chaniá** ▪ **+30 28210 08796** ▪ **www.lamaisonottomane.com** ▪ **€€€**
Das romantische Refugium verfügt nur über drei Zimmer – elegant mit Antiquitäten und Kunst, aber auch modern mit Espressomaschine und Tablet ausgestattet. Frühstück und Getränke werden im Innenhof serviert.

Villa Andromeda
Karte D2 ▪ **Eleftheríou Venizélou 150, Chaniá** ▪ **+30 28210 28300** ▪ **Nov – März geschl.** ▪ **www.villandromeda.gr** ▪ **€€€**
Das umgebaute klassizistische Haus auf acht Suiten mit Holzböden (manche auch mit Balkon), bemalte Decken in den Gemeinschaftsbereichen und eine Poollandschaft.

Strandhotels

Alianthos Garden Hotel
Karte F4 ▪ **Plakiás** ▪ **+30 28320 31280** ▪ **www.hotelalianthos.com** ▪ **€€**
Das familiengeführte Hotel mit Kinderbecken,

Süßwasserpool, Poolbar, Supermarkt und Restaurant trennt nur eine Straße von einem der schönsten Strände Kretas.

Ammos
Karte C2 ▪ **Agioi Apóstoloi** ▪ **+30 28210 33003** ▪ **Dez – März geschl.** ▪ **www.ammoshotel.com** ▪ **€€**
Das schicke Hotel an einem Sandstrand westlich von Chaniá besitzt 33 Studios oder Suiten, meist mit Meerblick. Restaurant, Pool, Massageraum, Fitnessraum und Spielzimmer sind ebenfalls vorhanden.

Corinna Mare
Karte D2 ▪ **Kalamáki, Néa Kydónia** ▪ **+30 28210 31767** ▪ **www.corinna.gr** ▪ **€€**
Das ruhige Hotel auf einer kleinen Halbinsel westlich von Chaniá bietet 49 Zimmer, Suiten und Apartments. Es gibt auch ein Restaurant, zwei Außenpools, eine Sauna und einen Fitnessraum. Auf Wunsch sind Masseure und Babysitter verfügbar.

Iberostar Creta Panorama & Mare
Karte G3 ▪ **Pánormos** ▪ **+30 28340 51502** ▪ **www.iberostar.com** ▪ **€€**
Die große Strandanlage umfasst Bungalows, Suiten, vier Außenpools, ein beheiztes Hallenbad, sechs Tennisplätze, eine Sauna und Wassersportmöglichkeiten.

Irini Mare
Karte G5 ▪ **Hauptstrand, Agía Galíni** ▪ **+30 28320 91051** ▪ **www.irinimare.com** ▪ **€€**
Fast alle Zimmer und Suiten in dem kleinen familiengeführten Hotel

haben Balkon mit Meerblick. Es gibt einen Pool, einen Kinderspielplatz, ein gutes Frühstücksbüfett und Angebote mit Halbpension.

Kalyves Beach Hotel
Karte E3 ▪ **Kalýves** ▪ **+30 28250 31285** ▪ **www.seacretehotels.com** ▪ **€€**
Das Hotel liegt zwischen zwei Sandstränden an der Soúda-Bucht. 150 Zimmer sind auf zwei Flügel mit je einem Pool aufgeteilt. Es gibt ein attraktives Terrassenrestaurant am Fluss und bequemen Zugang zum Strand.

Porto Loutro Hotel
Karte D4 ▪ **Loutró, Anópoli** ▪ **+30 28250 91433** ▪ **keine Kreditkarten** ▪ **www.hotelportoloutro.com** ▪ **€€**
Das Hotel liegt oberhalb des Strands. Die 36 Zimmer und vier Studios für Selbstversorger befinden sich in zwei getrennten Gebäuden im Dorf, zwischen Palmen und Bougainvilleen. Für Kinder gilt ein Mindestalter von sieben Jahren.

Sitia Bay Hotel
Karte Q4 ▪ **Patriárchi Vartholomaíou 27, Siteía** ▪ **+30 28430 24800** ▪ **www.sitiabay.com** ▪ **€€**
Die 19 Studios und Suiten haben Küche und Balkon mit Meerblick. Es gibt eine Dachterrasse, einen Fitnessraum, eine Sauna und einen chlorfreien Pool mit Hydromassage. WLAN ist gratis.

Pilot Beach Resort
Karte E3 ▪ **Georgioúpoli** ▪ **+30 28250 61901** ▪ **www.pilot-beach.gr** ▪ **€€€**
Das Resort bietet gut ausgestattete Bungalows

und Suiten, alle Arten von Sportmöglichkeiten, Pools und Animation für Kinder. Zur Anlage gehören vier hervorragende Restaurants und drei stets gut besuchte Bars.

Dorfpensionen

Aspros Potamos Cottages
Karte P5 ▪ Aspros Potamós, Makrigialós, Ierápetra ▪ +30 28430 51694 ▪ keine Klimaanlage ▪ www.aspros potamos.com ▪ €
Die einstigen Hirtenhäuser mit Steinböden, Holzdecken und Feuerstellen stehen in einem Hain mit Pinien, Oliven und Johannisbrotbäumen. Die Gäste müssen sich selbst versorgen, erhalten jedoch auf Wunsch Frühstück. Es gibt vor Ort auch einen kleinen Swimmingpool.

The Blue House
Karte D4 ▪ Loutró ▪ +30 28250 91127 ▪ €
Von den Balkonen des reizenden Hauses zwischen Agía Rouméli und der Samariá-Schlucht hat man einen wunderbaren Blick auf die Bucht und die Hänge der Lefká Ori.

Corali Studios & Portobello Apartments
Karte N4 ▪ Aktí Poseidónos, Eloúnta ▪ +30 28410 41712 ▪ www.coralistudios.com ▪ €
Einen kurzen Spaziergang vom Stadtzentrum entfernt bietet das kleine Familienunternehmen Studios und Apartments mit eigenen Pools und Gärten. Zum Stadtstrand mit Wassersportmöglichkeiten ist es ebenfalls nicht weit.

Hotel Marina
Karte H4 ▪ Hauptstraße, Anógeia ▪ +30 28340 31817 ▪ €
Das moderne Hotel verfügt über 16 Apartments, von denen vier für Familien geeignet sind. Jedes ist mit Küche, TV, Balkon mit Blick auf das Idi-Gebirge und einem offenen Kamin ausgestattet.

Keramos Studios
Karte J5 ▪ Zarós ▪ +30 28940 31352 ▪ www.studiokeramos-zaros.gr ▪ €
Im Haus gibt es 18 einfache, aber gemütliche Zimmer mit Balkon und eine Lounge mit Kamin. Die Inhaber zaubern ein köstliches Frühstück mit selbst gebackenem Kuchen und verschiedenen Käsesorten und zeigen Gästen den eigenen Hof.

Terramara Rooms
Karte B2 ▪ Plakalóna ▪ +30 69406 94904 ▪ keine Kreditkarten ▪ www.terra maracrete.com ▪ €
Das von Olivenhainen umgebene Haus auf einem Hügel bietet grandiosen Blick auf den Golf von Kissámou. Es gibt einen Grillplatz, einen Pool, eine Bar und einen Wäscheservice. Die vier verbundenen Zimmer sind für Familien ideal.

Arolithos
Karte K4 ▪ Arólithos, Servíli Týlisos ▪ +30 28108 21050 ▪ www.arolithos.com ▪ €€
Die Steinhäuser bergen auch offen zugängliche Werkstätten von Töpfern, Ikonenmalern, Korbflechtern und Stickerinnen. Im Restaurant gibt es jeden Abend traditionelle Musik und Tanz.

Koutsounari Traditional Cottages
Karte N6 ▪ Koutsounári, 9 km von Ierápetra ▪ +30 28420 61815 ▪ teilweise mit Klimaanlage ▪ www.traditionalcottages.gr ▪ €€
Steinhäuser mit Studios und Apartments bilden das Feriendorf in den Hügeln. Alle Unterkünfte haben Veranden oder Gärten, es gibt einen Pool und nebenan eine Taverne. Der Mindestaufenthalt beträgt eine Woche.

Monastery Estate Guest House
Karte C4 ▪ Móni, 4 km nördl. von Soúgia ▪ +30 28230 51344 ▪ www.monasteryestate.com ▪ €€
Die Häuser (19. Jh.) in den Bergen bieten fünf luxuriöse Apartments mit je zwei Zimmern, Küche und Terrasse.

Rodanthi Guest House
Karte E3 ▪ Kástellos Apokorónou ▪ +30 28210 58500 ▪ www.rodanthi hotel.gr ▪ €€
Das Bauernhaus steht in einem ummauerten Garten in einem Dorf in den Hügeln zwischen Réthymno und Chaniá. Es gibt vier zeitgenössisch eingerichtete Zimmer, eine Küche, in der sich Gäste Frühstück machen können, einen Pool und einen Grillplatz.

Villa Archanes
Karte K4 ▪ Ano Archánes ▪ +30 69724 43466 ▪ www.villaarchanes.gr ▪ €€
Die Villa (1890) im Weingebiet südlich von Irákli bietet sechs Apartments für zwei bis fünf Personen, einen Pool, einen Fitnessraum und auf Nachfrage Massagen.

Villa Kerasia
Karte J4 ■ Vlachianá ■ +30 28107 91021 ■ www.villa-kerasia.gr ■ €€
Die Villa mit Garten und Pool steht rund 15 Kilometer südwestlich von Irákli in einem Wandergebiet. Einige der sieben Zimmer haben Himmelbetten.

Unterkünfte für Selbstversorger

AnnaView Apartments
Karte F4 ■ Mýrthios ■ +30 69733 24775 ■ www.annaview.com ■ €
Die aus Holz und Stein gebauten, schön möblierten Apartments mit Küchenzeile, Satelliten-TV und WLAN bieten spektakuläre Blicke auf die Bucht von Plakiás.

Bay View Apartments
Karte Q4 ■ Petrás, Siteía ■ +30 28430 24333 ■ keine Kreditkarten ■ keine Klimaanlage ■ Wintervermietung pro Monat ■ www.bayview-apartments.gr ■ €
Die sieben Apartments (drei mit einem, vier mit zwei Schlafzimmern) sind nur wenige Schritte vom Strand entfernt, geschmackvoll möbliert und bieten schönen Blick auf die Stadt und die Bucht.

Lefka Apartments
Karte D2 ■ Odós Omírou, Germanikó Poulí, Chaniá ■ +30 28210 73310 ■ www.lefka-apartments.gr ■ €
Der Komplex am Stadtrand von Chaniá mit Garten, Pool und Snackbar besteht aus acht Studios und acht Apartments (für zwei bis vier Personen), alle mit Küchenzeile und Balkon. In der Nähe gibt es schöne Strände.

Metohi Vai Village
Karte R4 ■ südl. vom Strand ■ +30 28430 61071 ■ www.4ty.gr/merchant/12313/en/metochivai ■ €
Alte Schäferhütten ganz in der Nähe des Palmenstrands von Vái wurden in sieben komfortable Apartments mit Küche und teils mit Kamin umgewandelt.

Paul-Eva Apartments
Karte M4 ■ Olýmpou 15, Koutouloufári, Chersónisos ■ +30 28970 23358 ■ €
Die preisgünstigen Apartments, einen Kilometer vom Strand entfernt, bieten Balkone und einige Annehmlichkeiten. Es gibt auch einen Pool.

Stella's Traditional Apartments-Studios
Karte R5 ■ Káto Zákros ■ +30 28430 23739 ■ www.stelapts.com ■ €
Verfügbar sind traditionell eingerichtete Studios für zwei bis vier Personen und größere Apartments in den Terra-Minoika-Villen. Die Gärten sind üppig bepflanzt, es gibt Hängematten und eine Gemeinschaftswaschmaschine. Aus dem Hahn kommt frisches Quellwasser.

Villa Anna
Karte B4 ■ Palaióchora ■ +30 28103 46428 ■ keine Kreditkarten ■ www.villaanna-paleochora.com ■ €
Die acht Apartments befinden sich inmitten von blühenden Gartenanlagen in einer ruhigen Seitenstraße in Strandnähe. Sie bieten ein oder zwei Schlafzimmer, Wohnzimmer, Küche und Veranda. Es gibt auch einen Kinderspielplatz.

Aptera Hotel
Karte D2 ■ Aptera, Apokorónou ■ +30 69793 91308 ■ keine Kreditkarten ■ Frühstück gegen Aufpreis ■ www.apteralodge.com ■ €€
Die gut ausgestatteten Studios und Apartments mit ein oder zwei Schlafzimmern in der Nähe der antiken Stadt Aptera blicken auf die Soúda-Bucht und die Lefká Ori.

Elounda Water Park Residence Hotel
Karte N4 ■ Emmanouíl Poulí, Eloúnta ■ +30 28410 41823 ■ www.eloundaresidence.gr ■ €€
Der rund 15 Gehminuten vom Stadtzentrum entfernte Komplex mit Zwei- und Vierbett-Apartments ist von Gärten umgeben. Er verfügt über einen Wasserpark, einen Meerwasserpool sowie einen Kinderclub und ein Fitnesscenter.

Natalias Houses
Karte E3 ■ Doulianá ■ +30 28250 23356 ■ www.nataliashouses.gr ■ €€
In restaurierten Steinhäusern mit Blick auf die Lefká Ori befinden sich vier Suiten (zwei mit Kamin) für drei bis sechs Personen. Außerdem gibt es einen Laden, einen Pool, eine Bar und einen Grillplatz.

White River Cottages
Karte P5 ■ Aspros Potamós, Makrigialós ■ +30 28430 51120 ■ www.whiterivercottages.com ■ €€
Inmitten von Olivenhainen wurden 15 Häuschen (für zwei bis vier Personen) mit Steinböden und Holzdecken an den Fels gebaut. Am großen Pool

steht ein stabiles WLAN-Signal zur Verfügung.

Yiannis Retreat
Karte R5 ▪ Káto Zákros, 500 m von der Küste
▪ +30 28430 25726
▪ www.katozakros-rooms.com ▪ €€
In einem Garten mit Palmen, Hängematten und einem Grillbereich stehen fünf Studios mit Steinwänden, Terrakottaböden, Holzbalkendecken, Holzmöbeln und Küchenzeilen. Mountainbikes sind gratis verfügbar.

Ferien auf dem Land

Argoulias
Karte M4 ▪ Tzermiádo
▪ +30 28440 22754
▪ www.argoulias.gr ▪ €
Die traditionell gestaltete Anlage umfasst elf Apartments und ein Restaurant, in dem Frühstück serviert wird. Arrangiert werden Wanderungen und Ausflüge in die Lasíthi-Hochebene.

Ktima Orgonis
Karte L4 ▪ Apóstoli
▪ +30 69748 91750
▪ www.orgonfarm.gr ▪ €
Die Hütte für Selbstversorger (bis zu sechs Personen) liegt eine rund 30-minütige Autofahrt von Iráklio entfernt auf einer Olivenfarm. Auf dem Bio-Betrieb kann man lernen, wie Seife und Salben auf Olivenölbasis und traditionelle Produkte wie Traubensirup und *rakí* hergestellt werden.

Lasinthos Eco Park
Karte M5 ▪ Agios Geórgios
▪ +30 28440 89100-8
▪ www.lasinthos.gr ▪ €
Der für Familien mit Kindern geeignete Park auf

der Lasíthi-Hochebene bietet 20 Apartments und ein Restaurant. Man kann sich handwerklich betätigen oder Ziegen, Schafe, Kühe, Pferde, Hühner und Enten füttern.

Milia Mountain Retreat
Karte B3 ▪ Miliá, Vlátos
▪ +30 28210 46774
▪ www.staging7.milia.gr ▪ €
Miliá liegt in einem bewaldeten Tal an einer kurvenreichen Piste. Die Anlage bietet 13 Zimmer in restaurierten Steinhäusern mit Holzöfen und Solarstrom. Das Wasser stammt aus Bergquellen. Die Taverne serviert regionale Spezialitäten.

Mourtzanakis Residence
Karte K3 ▪ Achláda ▪ +30 28108 12096 ▪ www.ecotourismgreece.com ▪ €
Die modernen Apartments befinden sich in den Hügeln hinter Agía Pelagía. Es gibt je einen kleinen Pool für Erwachsene und Kinder. Auf Wunsch werden gemeinsame Mahlzeiten organisiert. Man kann an der Olivenernte teilnehmen.

Thalori Traditional Village
Karte K6 ▪ Kapetanianá
▪ +30 28930 41762
▪ www.thalori.com ▪ €
Das Feriendorf in den Bergen an der Südküste bietet 20 Studios und Häuschen mit Holzbalkendecken und Steinwänden sowie eine Taverne, in der mit Zutaten aus der Region gekocht wird. Dies ist ein guter Ausgangspunkt für Wanderungen und Ausflüge zu den nahen Stränden.

Dalabelos
Karte G3 ▪ Angelianá
▪ +30 28340 22155
▪ www.dalabelos.gr ▪ €€
Wein- und Obstgärten mit Ziegen, Hühnern und einem Esel umgeben zehn Apartments mit je einem Schlafzimmer, ein Innenhofrestaurant und einen Pool. Gäste können auf der Farm mitarbeiten.

Eleonas Country Village
Karte H5 ▪ Zarós
▪ +30 28940 31238
▪ www.eleonas.gr ▪ €€
Das Dorf mit Olivenhainen bietet 20 Steinhäuser, einen Pool, einen Fahrradverleih und eine exzellente Taverne (siehe S. 97), die Gerichte aus regionalen Zutaten serviert. Die Landschaft mit einer Schlucht, einem See und markierten Wanderwegen ist wunderschön.

Enagron Ecotourism Village
Karte H4 ▪ Axós Mylopotámou ▪ +30 28340 61611
▪ www.enagron.gr ▪ €€
Der in Weingärten und Olivenhaine eingebettete Komplex bietet 32 aus Stein und Holz gebaute Apartments mit bis zu drei Zimmern, eine Taverne, ein Café, ein Spa, einen Pool sowie Kochkurse und Weinproben.

Vamos Village
Karte E3 ▪ Vámos, Apokorónou ▪ +30 28250 22190
▪ www.vamosvillage.gr ▪ €€
Die Steinvillen und -häuser des einst verlassenen Dorfs wurden liebevoll restauriert – die größeren mit Pool sind für Familien ideal. Es werden Kochkurse, Führungen und Wanderungen organisiert.

Preiskategorien siehe S.128

Textregister

Fett gedruckte Seiten-
zahlen beziehen sich auf
Haupteinträge.

7 Thalasses (Iráklio) 73, 97

A

Achláda 133
Agía Fotiá 115
Agía Galíni 68, 93, 96,
   130
Agía Marína 128
Agía Pelagía 68, 96, 128f
Agía Rouméli
   Alt-Agía-Rouméli 6, 30
   Bergwanderungen 65
   Bootsausflüge 84
   Neu-Agía-Rouméli 31
Agía Triáda 14, 18f, 42, 90
Agioi Apóstoloi 130
Agios Geórgios 133
Agios Nikólaos 50, 112f, 116
   Hotels 128
   Lokale 76, 118, 119
   Nachtleben 68
   Shopping 117
Agios Pávlos (Strand) 31,
   105
Agios Títos (Górtys) 28, 43
Agios Títos (Iráklio) 17
Agios-Títos-Fest 83
Akrotíri, Halbinsel 104
Aktivitäten im Freien
   Bergwanderungen 64f
   Wassersport 85
   Zentralkreta 94
Alexis Sorbas (Kazantzákis)
   52, 53
Alikianós 46, 58
Alkohol 125
Allmächtig bist Du, Herr
   (Kornáros) 53
Amári 33
Amári-Tal & Idi-Gebirge 7,
   11, **32f**, 79
Ammoudára 75, 97
Androulidakis (Goniá) 75
Angeliana 133
Angelopoúlos-Daskaláki,
   Giánna 52
Ano Archánes 131
Ano Zákros 112, 113, 117
Anógeia 97, 104, 131
Anreise & Auf Kreta
   unterwegs **122f**

Kreta für wenig Geld 81
Reise- & Sicherheits-
   hinweise 124, 125
Versicherung 124
Antike Stätten **42f**
   Kostenlose Attraktionen
   80, 81
   siehe auch Dorische
   Stadtstaaten; Minoische
   Kultur; Römisches Reich
Antikýthira 85
Apokorónou 133
Apotheken 124
Aptera 104
Araber 17, 29, 40, 41
Aradéna-Schlucht 45
Archánes 48, 92, 131
Archäologen auf Kreta 14f
Archäologische Museen 48f
   Chaniá 21, 49
   Iráklio 14, 16, **18f**, 48
   Réthymno 27, 49, 103
Archiv (Phaestos) 25
Argyroúpoli 58, 74
Ariadne 54
Arkadíou 83
Arólithos 50, 131
Askomantoúra (Dudelsack)
   56
Asómatos 92
Aspros Potamós 62, 131,
   132
Aufstände 40
Augustvollmond 81
Autofahren 122f
Avli (Agios Nikólaos) 76
Avli (Réthymno) 7, 72, 109
Avli tou Devkaliona (Iráklio)
   76
Axós 59, 133

B

Badeorte **60f**
Baglamás 57
Balcony (Siteía) 72, 119
Balí 61, 93
Bálos 105
»Bananenrennen« 85
Banken 126
Barbarossa 46
Bars
   Ostkreta 118
   Westkreta 108
   Zentralkreta 96
Bäume 67

Bergwanderungen **64f**
Berühmte Kreter **52f**
Besondere Bedürfnisse 125
Bitters Bar (Iráklio), The 77
Bootsausflüge **84f**, 123
Boulgarí (Langhalslaute) 56
Boutári, Weingut 78, 91, 95
Bouzoúki 57
Boyd-Hawes, Harriet 15, 34
Burgen & Festungen
   Akropolis (*kástro*, Górtys)
   29
   Außenmauern (Moní
   Arkadíou) 37
   Burg Da Molini, Ruinen
   (Alikianós) 46
   Burg Selínou
   (Palaióchora) 46, 102
   Firkás (Chaniá) 21
   Frangokástello 46, 55, 102
   Gramvoúsa 47
   Schiavo-Bastion (Chaniá)
   20
   Venezianische Akropolis
   (Pólyrrinía) 47
   Venezianische Arsenale
   (Iráklio) 17
   Venezianische Burg
   (Siteía) 47, 111
   Venezianische Burgen 46f
   Venezianische Festung
   (Iráklio) 16, 91, 92
   Venezianische Festung
   (Réthymno) 8f, 26, 47, 103
   Venezianische Festung
   (Spinalónga) 85, 111, 113
   Venezianische Mauern
   (Chaniá) 20, 46
   Venezianische Mauern
   (Iráklio) 17
Busse 122
Byzantinisches Reich 10,
   40, 41
   Amári-Tal 32
   Aptera 104
   Byzantinische Sammlung
   von Chaniá 20, 49, 78
   Górtys 11, 29, 90
   Kirchen & Klöster 44f

C

Cafés & *mezedopoleía* **76f**
   Ostkreta 118
   Westkreta 108
   Zentralkreta 96

Bildnachweis & Impressum

Autor
Robin Gauldie ist freiberuflicher Fotograf und Reiseschriftsteller aus Großbritannien.

Mitautorin Jane Foster

DK London

Lektorat
Georgina Dee, Vivien Antwi, Ankita Awasthi Tröger, Alice Fewery, Rachel Fox, Maresa Manara, Sands Publishing Solutions, Sally Schafer, Anupama Shukla, Helen Peters, Robin Gauldie

Überarbeitete Neuauflage
Parnika Bagla, Dipika Dasgupta, Mohammad Hassan, Bharti Karakoti Shikha Kulkarni, Suresh Kumar, Halima Mohammed Bandana Paul, Priyanka Thakur, Vagisha Pushp, Rada Radojicic, Beverly Smart, Stuti Tiwari, Tanveer Zaidi

Gestaltung und Bildredaktion
Phil Ormerod, Bhavika Mathur, Marisa Renzullo, Subhadeep Biswas, Jason Little, Taiyaba Khatoon, Sumita Khatwani, Ellen Root, Rituraj Singh

Umschlaggestaltung
Maxine Pedliham, Vinita Venugopal

Kartografie
Martin Darlison, Suresh Kumar, James Macdonald, Zafar-ul-Islam Khan

Herstellung
Igrain Roberts

Die Kretakarte basiert auf Material aus der Datenbank von East View Cartographic: www.cartographic.com

Zusätzliche Fotos
Robin Gauldie, Rough Guides: Geoff Garvey, Tony Souter

Bildnachweis
l = links; r = rechts; o = oben; u = unten; m = Mitte

Wir haben uns intensiv bemüht, alle Urheber zu ermitteln, und entschuldigen uns für eventuelle, unbeabsichtigte Auslassungen. Gerne werden wir die entsprechenden Angaben in künftige Auflagen aufnehmen. Dorling Kindersley dankt den folgenden Personen, Unternehmen und Bildarchiven für die freundliche Erlaubnis, ihre Fotos zu reproduzieren:

123RF.com Guillermo Avello 98–99; dziewul 4ml, 26–27, 44ol; freeartist 115u; Olga Gavrilova 3or, 120–121; Patryk Kośmider 16–17.

4Corners Reinhard Schmid 20–21, 79ml; SIME: Johanna Huber 101ol, Ugo Mellone 64u, Riccardo Spila 7o, 61or, 115mr.

Abea Deli Shop 107ur.

Alamy Stock Photo AegeanPhoto 10mlo; age fotostock 67ul; ART Collection 52u; Rich Bowen 57or; dpa picture alliance archive 67or; Peter Eastland 63ur; Peter Forsberg 16ml; Greg Balfour Evans 104u; Hackenberg-Photo-Cologne 18mr, 21ml, 45ur, 48u, 51ml, 68ol, 72ul, 74–75, 75ml, 76o, 77mlu, 80or, 84ol, 91mlo, 112or; m_hauser 35ur; Milan Gonda 1; Hemis 60mr; Peter Horree 52ol; ImageBROKER 50ol, 55ul; imageBROKER: Stella 34–35m; IML Image Group Ltd 73or; INTERFOTO 40ul; Panagiotis Karpanagiotis 79ur; Joana Kruse 88mo; Tony Lilley 12ml; Hercules Milas 2or, 4mru, 6or, 18mru, 19ur, 24mr, 31ol, 32mlu, 32–33, 33ul, 38–39, 47ol, 56u, 65mlo, 70ul; Pacific Press 56ol; Anthony Palmer 71ol; Photo 12 53ol; PjrTravel 21ol, 52m; Tim Rainey 118or; Stefano Ravera 83mlu; SagaPhoto.com: Forget Patrick 45ml; Marco Simoni 10m; Charles Stirling (Travel) 57ml; TravelCollection 82o; Georgios Tsichlis 13mr, Tony Watson 26ur; Zoonar GmbH 63ml.

Athós Workshop 107m.

Avli 72o, 109ul.

AWL Images Walter Bibikow 28–29; Christian Heeb 28mru; ImageBROKER 29mru, 114mlu; Katja Kreder 61u, 69ml; Doug Pearson 29ur.

Depositphotos Inc. Arsty 100ol; juliane33 11mo.

Dreamstime.com 88and84 83or; Rostislav Ageev 15ul; Alp Aksoy 70ol; Alexxich 47u; Anilah 22, 111ur; Arenaphotouk 11mru, 36–37, Arsty 2ol, 8–9, 10u, 11ul, 17ml, 35ol, 43or; Artcasta 58–59; Asafta 43m; Mila Atkovska 4u, 6ml, 36ul; Banepetkovic 12–13; Ccat82 37mru; Anton Chygarev 111ol; Dziewul 4mlo, 11or, 11mro, 30mlo, 64ol, 81ml, 102mlo; Inna Felker 74or, 75or; Evgeniy Fesenko 27ur; Flavijus 105mlo; H368k742 4mro; Bensliman Hassan 27ol; Honzik7 34ml; Gabriela Insuratelu 11mlu, 55ol; Gorelovs 108o; Panagiotis Karapanagiotis 44mlu, 29ol, 31mru, 65ur; Pavel Kavalenkau 20ml; Denis Kelly 10mro; Kokixx 85mlo; Patryk Kosmider 84–85, 110mlo; Sergii Koval 77or; Ksya 51or; Lornet 94ol; Lucianbolca 18u, 93u; Artur Maltsau 12ur; Miradrozdowski 92mlo; Mirc3a 102–103; Mnf1974 62ml; Naturefriend 66um; Nomadbeg 18ol;

Alessio Orrù 71ml; Anna Pakutina 14o, 19ol, 19m, 48m; Marek Poplawski 58ol; Singidavar 3ol; Smallredgirl 85or; Theripper 67mlo; Ekaterina Titova 90m; Tuulijumala 43u; Vitmark 47mro; David Watmough 37ol; Xiaoma 40u, 71ur, 90ol; Zaramira 33ol, 89or.

Elia, Zarós 97mr.

Getty Images DEA: Archivio J. Lange 24ml, 27m, 49m, 53ur; De Agostini: Archivio J. Lange 42mlu; Dosfotos: Design Pics 78u; Hulton Archive/Keystone 41mlu; Bastian Parschau 81ur; Print Collector 41m, 54o; Javier Fernández Sánchez 66mlu; Universal History Archive 14mlu; UniversallmagesGroup 41or.

iStockphoto.com badmanproduction 76ur; fotokon 63o; FrankvandenBergh 114or; gionnixxx 25mru; Vladimirs_Gorelovs 116u; lucianbolca 80u; PanosKarapanagiotis 4o; PaulCowan 25ol; Saro17 30ul; stamkar 69ur; VladimirSklyarov 68u, 112–113.

Kaaren's, Eloúnta 118mru.

Níkos Sirágas 79ur.

Oúrios Ceramics 106m.

Rex Shutterstock Stefanos Rapanis /EPA 82mlu.

Robert Harding Picture Library Stuart Black 15mr; Maria Breuer 59mro.

Stadtverwaltung von Chaniá 49mlo.

SuperStock age fotostock: Peter Erik Forsberg 96o, Phil Robinson 78ol; Albatross 46mlu; Album: Oronoz 54m; BEW Authors: BE&W 44u; Katja Kreder/ imageBROKER 119ul; Juniors 66ol.

Terra Zákros 117mr.

Tetraktís Studio 106ol.

Veneto, Réthymno 73mlu.

Weingut Boutári, Skaláni 95ml.

Umschlag
Vorderseite & Buchrücken –
Getty Images/iStock chasdesign.
Rückseite – **Alamy Stock Photo**
imageBROKER ol, Jan Wlodarczyk mlo;
iStockphoto.com Anna_Jedynak mru;
Robert Harding Picture Library
Neil Farrin or.

Extrakarte
Titelbild – **Getty Images/iStock**
chasdesign.

Alle anderen Bilder: © Dorling Kindersley.
Weitere Informationen unter
www.dkimages.com

Penguin Random House

Titel der englischen Originalausgabe
DK Eyewitness TOP10 Crete

© Dorling Kindersley Limited, London, 2003, 2022
Ein Unternehmen der
Penguin Random House Group
Alle Rechte vorbehalten

Text © Robin Gauldie

© der deutschsprachigen Ausgabe by
Dorling Kindersley Verlag GmbH, München, 2003, 2022
Ein Unternehmen der
Penguin Random House Group
Alle deutschsprachigen Rechte vorbehalten

Aktualisierte Neuauflage 2023/2024

Jegliche – auch auszugsweise – Verwertung, Wiedergabe, Vervielfältigung oder Speicherung, ob elektronisch, mechanisch, durch Fotokopie oder Aufzeichnung, bedarf der vorherigen schriftlichen Genehmigung durch den Verlag.

Verlagsleitung Monika Schlitzer
Programmleitung Heike Faßbender
Redaktionsleitung Stefanie Franz
Herstellungskoordination Antonia Wiesmeier
Covergestaltung Sabine Hüttenkofer

Übersetzung Rolf Eder, Glonn
Redaktion Birgit Walter, Augsburg
Schlussredaktion Philip Anton, Köln

Satz & Produktion DK Verlag
Druck Vivar Printing, Malaysia

MIX
Papier | Fördert
gute Waldnutzung
FSC
www.fsc.org
FSC® C018179

ISBN 978-3-7342-0679-5
6 7 8 9 25 24 23 22

www.dk-verlag.de

Sprachführer

Es gibt kein allgemein gültiges System, die griechische Sprache in lateinischer Schrift darzustellen. Das in diesem Sprachführer angewandte System hat sich jedoch bewährt. Der Akzent über einem Vokal zeigt an, welche Silbe betont wird.

Notfälle

Hilfe!	Voítheia!
Halt!	Stamatíste!
Rufen Sie einen Arzt!	Fonáxte éna giatró!
Rufen Sie	Kaléste
einen Krankenwagen /	to asthenofóro /
die Polizei /	tin astynomía /
die Feuerwehr!	tin pyrosvestiki!
Wo ist das /	Poú eínai to
die nächste	plisiéstero
Telefon /	tiléfono /
Krankenhaus /	nosokomeío /
Apotheke?	farmakeío?

Grundwortschatz

Ja.	Nai.
Nein.	Ochi.
Bitte.	Parakaló.
Danke.	Efcharistó.
Gern geschehen!	Parakaló!
In Ordnung.	Entáxei.
Entschuldigung.	Me synchoreíte.
Hallo / Guten Tag!	Geiá sas!
Auf Wiedersehen.	Antío.
Guten Morgen!	Kaliméra!
Guten Tag!	Kaliméra!
Guten Abend!	Kalispéra!
Gute Nacht!	Kaliníchta!
Vormittag	proí
Nachmittag	apógevma
Abend	vrádi
heute Vormittag	símera to proí
gestern	chthés
heute	símera
morgen	avrio
hier	edó
da	ekeí
Was?	Tí?
Warum?	Giatí?
Wo?	Poú?
Wie?	Pós?

Nützliche Wörter

groß	megálo
klein	mikró
heiß	zestó
kalt	krýo
gut (Adj.)	kaló
schlecht	kakó
genug	arketá
gut (Adv.)	kalá
geöffnet	anoichtá
geschlossen	kleistá
links	aristerá
rechts	dexiá
geradeaus	eftheía
zwischen	anámesa / metaxy
nah	kontá
weit	makriá
früh	norís
spät	argá
Eingang	i eísodos
Ausgang	i éxodos
Toilette	oi toualétes
frei (kostenlos)	doreán
hinein / heraus	mésa / exo

Nützliche Sätze

Wie geht es Ihnen?	Ti kánete? / Pós eíste?
Sehr gut, danke.	Polý kalá, efcharistó.
Schön, Sie zu treffen.	Chaíro polý.
Wie ist Ihr Name?	Pós légeste?
Wo ist / sind …?	Poú eínai …?
Wie weit ist es bis …?	Póso apéchei …?
Wie komme ich nach …?	Pós mporó na páo …?
Sprechen Sie Deutsch?	Miláte Jermaniká?
Ich verstehe.	Katalavaíno.
Ich verstehe nicht.	Den katalavaíno.
Könnten Sie etwas langsamer sprechen?	Miláte lígo pio argá parakaló?
Tut mir leid.	Me synchoreíte.
Wie viel kostet das?	Pósso kánei?

Shopping

Wie viel kostet das?	Pósso kánei?
Ich hätte gern …	Tha íthela …
Haben Sie …?	Echete …?
Ich sehe mich nur um.	Aplós koitáo.
Nehmen Sie Kreditkarten?	Décheste pistotikéskártes?
Wann öffnen Sie / schließen Sie?	Póte anoígete / kleínete?
dieser	aftó edó
jener	ekeíno
teuer	akrivó
preiswert	fthinó
Größe	to mégethos
weiß	lefkó
schwarz	mávro
rot	kókkino
gelb	kítrino
grün	prásino
blau	mple
braun	kafé
orange	portokalí